F・P・バイステック 著

尾崎 新・福田俊子・原田和幸 訳

# ケースワークの原則［新訳改訂版］

## 援助関係を形成する技法

誠信書房

THE CASEWORK RELATIONSHIP
by Felix P. Biestek, S. J.

# 序　文

近年、社会福祉の臨床現場では、援助を求めてやってくる人びととケースワーカーとのあいだに形成される専門的な援助関係が、独自のきわめて重要な意味をもつことが広く理解されるようになった。このようなケースワーカーとクライエントの両者が形成する援助関係は、ケースワークの魂（soul）である。また援助関係は、ケースワークにおける調査・診断の過程、そして援助全体に生命を与える基礎である。あるいは、援助関係はケースワークという臨床そのものを、生き生きとしたものにする出発点であり、援助の体験を人間としてのほどよく温かな経験にする基礎でもある。援助関係が重要であることは、いくら強調してもよい。なぜなら、それはケースワークの効果を高める上で不可欠な要素であるばかりでなく、援助関係の概念は、いかなる人間も価値と尊厳をもっているというわれわれの確信から生まれ、その確信のなかに息づいているものだからである。すなわち援助関係は、現実と理想の両者を併せもった人生に対する哲学、また物質と精神、理性と信仰、時間と全体性を包摂した人生に関する哲学にもとづいて生まれた概念である。

メアリー・リッチモンド（Mary Richmond）が活躍した時代以降、ソーシャルワーカーは、こぞってケースワークにおいて援助関係が重要であるという議論を進めてきた。しかし大変不思議なことだが、援助関係が一体何物であるかを具体的に説明する努力は十分に行なわれてこなかった。これまで強調されてきたのは、良好な援助関係を形成するのは直感にもとづいた技能であるという見解であった。たとえば、自ら援助関係を経験してみなければ、援助関係を理解することはできないなどといわれてきた。また、不幸なことに、われわれは援助関係というものを、それを経験した者でなければ理解できない、あたかも神秘的なものであるかのような印象を、他領域の専門家の人びとに与えてしまった。

われわれが援助関係の特質をきちんと説明してこなかった理由は容易に突きとめることができる。それは、援助関係というものが、ケースワークという臨床の流れのなかで、あらゆる過程や側面にゆき渡っており、そのために説明が難しいからである。また、援助関係がもつ生き生きとした特質をすべて冷静に説明したり、定義したりすることも困難だからである。あるいは、援助関係は歓びに満ちた温かさをもつ反面、冷たさも併せもっており、きわめて多面的な性質をもつためでもある。さらに、多くのソーシャルワーカーが良好な援助関係を定義することに力を注ぐより、実際に関係を形成し維持する技術を体得するほうが重要であると信じてきたからでもある。たしかに、彼らの確信は誤りとはいえない。

この本は、援助関係を説明し、定義し、さらに分析することが、ソーシャルワークの専門家にとって必ず大きな価値をもつことになるという確信から書かれたものである。ある専門領域にとって、専門用語を十分に吟味し、定義することは、その領域が成長していく上で必要な条件の一つである。

たとえ、良好な援助関係における人間の微妙な心の動きを、十分に言葉で説明することが難しいとしても、十分に説明できない部分がどこにあるかを明らかにすることによって、援助関係はいっそう有効な機能を獲得することができる。むろん、援助関係を概念として理解しさえすれば、関係を形成し活用する見事な技術が獲得できるというわけではない。技術は知的な作業を反復することによってのみ発達させることができるからである。しかし、人間が行なうあらゆる努力と同じように、援助関係を概念として理解する努力は、関係を形成する技術を獲得するプロセスを一歩先へ進めることもできる。言い換えれば、望ましい援助関係を形成する要素を知ることは、援助関係を形成し活用する技術を獲得してゆく一歩になりうるのである。

また、われわれが援助関係の概念をきちんと分析しておくことは、学生のトレーニングを進める上でも手助けになる。むろん、援助関係を概念として分析することは、ケースワークに関して行なわれる教室および臨床現場における学生の体験的な訓練にとって代わるわけではない。むしろ、それは学生の体験学習をいっそう豊かにする役割を果たすだろう。また、援助関係の概念を分析しておくことは、経験豊かなケースワーカーにとっても、彼らが日常の業務を評価する上で役立つはずである。いかなるケースワーカーも「自分とクライエントとの関係には、どのような間違いがあるのか」という困難な問題をしばしばかかえ、悩んでいる。ケースワーカーが良好な援助関係を構成する要素をきちんと理解しておくことは、彼らが「きわめて不適切な」援助関係を正確に診断する上でも大いに役立つはずである。

この本を出版する目的は、ケースワークにおける援助関係を全体として、あるいは分解して、説明し、定義し、そして分析することである。ただしこの作業には、多くの危険がともなうことも自覚しておく必要がある。たとえば、いかなる関係も現実の生活のなかで営まれており、それぞれに異なる個別性をもっている。本書のこれ以降で行なう議論では、援助関係が固有にもっている重要な要素、あるいは援助関係に共通する要素を重視するために、関係のもつこのような個別性をいくらか軽視することになる。また、援助関係は生命をもって生き、鼓動しているために、それを分解して理解しようとするとき、かえって本来の姿を傷つけてしまう危険もある。つまり概念を分解したり、あるいは集合体として存在している種々の要素のなかから特定の要素だけを選び出して研究することは、大切なものを見失うおそれもともなっている。

私はロヨラ大学の社会福祉学部の同僚からいただいた支援と励ましに感謝します。また、かつて私の教え子であったメアリー・スカリー、レイモンド・ガニー、そしてアン・スネルスのみなさんが、この研究を助けて下さったことにもお礼を申しあげたい。最後に、アメリカ家族サービス協会にとりわけ大きな感謝を申しあげたい。協会には、私がその刊行物から文章を引用することを快く承諾していただいた。

# 目次

## 第2部　援助関係を形成する諸原則

# 第1部　ケースワークにおける援助関係の本質

# ケースワークにおける援助関係の本質

ソーシャル・ケースワークは、「クライエントと彼の環境全体とのあいだに、あるいは環境の一部とのあいだに、より良い適応をもたらすために、人間関係についての科学的知識と技術を用いながら、個人の能力や地域の資源を動員する技術（art）である」[1]と定義されている。この定義にしたがえば、ケースワークの目的はクライエントが「より良く適応する」よう援助することである。つまりケースワークは、人が問題に直面し、ニードを満たし、サービスを受けられるよう援助することを目的としている。この目的を達成する手段は、それぞれのクライエントのニーズに依拠しながら、個人がもっている潜在的な能力を引き出すことであったり、適切な地域の資源を活用することであったり、あるいはその両者であったりする。

ケースワーカーは人びとに密接なかたちで係わるため、「人間関係に関する科学的知識」が必要である。また、個人を理解する上で、人間に共通するさまざまな特徴をできるかぎり知っていることも大変役に立つ。さらに、一人ひとりのクライエントをより良く理解する上で、パーソナリティがどのように発達して変化するのか、パーソナリティが生活上のストレスにいかに反応するのか(正常な反応も異常な反応も含めて）を知っておくことも重要である。

ケースワーカーとクライエントとのあいだに築かれる援助関係は、人間に共通する特徴に関する知識と一人ひとりの個人に関する理解の両者を媒介にして形成されるものである。すなわち、関係を形成する具体的な技術を抜きに、知識だけでは援助関係を十分に形成することはできない。また、援助関係はケースワークという臨床過程そのものに流れをつくる水路（channel）である。この水路を通して、個人の能力と地域の資源は動員されるのであり、ケースワークの面接、調査、診断、治療それぞれの過程もこの水路に沿って進められるのである。

ケースワークにおける援助関係は、さまざまなかたちで営まれている多くの人間関係の一種にすぎない。人間関係のなかには、夫婦、親子などの自然な人間関係もあれば、医師と患者の関係などの専門的関係もあり、さらに友人関係やセールスマンと客との関係などもあり、その種類はじつに多様である。援助関係では、これらの生活にまつわるさまざまな人間関係を重視する。すなわち、人と人とのあいだで営まれるさまざまな関係こそ、人間に真の幸福をもたらす主要な、おそらくは唯一の源泉と考えられるからである。

昔から歌や小説、あるいはドラマの中心的なテーマであった男女の関係も、人間に幸福をもたらす一つの源泉である。また家庭と家屋の違いは、一目で見渡せる風景があることでもなく、また室内に装飾があることでもない。家庭における幸福とは、夫婦や親子の関係が良好で、豊かであり、満足できる家族関係が営まれている状況をさすのである。あるいは、この世でもっとも豊かな人は真の友人をたくさんもつ人であるという古い諺もある。さらに現代の産業は、生産性と効率を高める要素が単に賃金の条件だけではなく、雇用主と従業員、経営者と組合、また従業員相互の関係が良好に営まれるという条件にもあるという事実を学んでいる。神の栄光の示現をどうみるかということさえ、人と神とのあいだにいかなる関係が形成されているかにかかっている。

すなわち、物を所有したり使用したりすることのなかに真の幸福はない。むろん、人間が生きるためには、あるいは人間が共通にもつニーズを満たすためには、食料、衣類、住まいなどの物が必要である。また、これらの物は人に快適さや歓び、そして満足感を与えている。しかし物がそれ自体、幸福を与えるわけではない。物が間接的に幸福に寄与することはあるが、それは物が満足のゆく人間関係の形成を促進する場合だけに限られる。たとえば、一家の父親が妻子を十分に養うことができない場合、家族内の人間関係は悪化するかもしれない。しかしそれだけの理由で、家族関係の困難が必然的にまた自動的に生じるわけではない。とりわけ生活必需品が不足している情況が父親の責任ではない場合にそうである。貧しい家族が必ずしもすべて不幸なわけではないし、あらゆる裕福な家族が必ず幸福であるとは限らないのである。

その逆もいえる。すなわち貧しい人間関係こそ、人に不幸をもたらすもっとも重要な唯一の源泉である。児童相談所の実践は、貧しい親子関係がパーソナリティに外傷を与えることを明らかにしている。また、多くの精神医学の学派は、貧しい人間関係が神経症や多様な精神病を発症させる基礎的な要因であると論じている。さらに、夫婦相談を行なうカウンセラーの経験が証明しているように、あらゆる離婚の真の原因は夫婦関係の破綻である。

あらゆる人間関係には共通点がある。しかし、さまざまな人間関係はそれぞれに独自の特徴ももっている。以下の問いが、さまざまな人間関係がもっている質の違いを明らかにする上で役立つだろう。

「その関係を形成する目的は何か」。多くの場合、人間関係の距離や質は、それぞれの人間関係のもっている目的によって決められている。たとえば、親子関係とケースワークにおける援助関係を比べてみると、そこには多くの目的の違いがあることが明白である。

「その関係を営む両者の間柄は平等か」あるいは「双方とも、その関係から何らかの利益を得られるか」。ふつう友人関係は平等な間柄であり、双方ともこの関係から利益を得ることができる。しかし、教師と生徒、あるいは指導者と部下の関係は必ずしもそうではない。

「その関係のなかにはどのくらい情緒的な要素が含まれているか」。情緒的な要素は、親子関係には多くに含まれるが、切符売りと旅行者との関係にはほとんど存在しない。

「その関係は医者と患者のような専門的関係であるのか、それとも友達同士のような非専門的関係であるのか」。

「その関係はどのくらいの期間継続するのか」。教師と生徒の関係は一時的な関係である。友人関係は一時的であるかもしれないし、永遠につづくかもしれない。親子関係は一生涯にわたってつづく関係である。

　ケースワークにおける援助関係は、多くの点でそれ以外の人間関係とは異なっている。たとえば親子関係とは異なる。すなわち、援助関係は一過性の関係であり、そこに情緒的な要素が深く浸透することも少ない。また援助関係には、友人関係のような平等性や相互依存性も存在しない。むろん、ケースワーカーとクライエントは互いに人間としては基本的に平等である。しかしケースワークが進行するなかで、ケースワーカーは援助者であり、クライエントは援助を受ける人である。また、教師と生徒との関係は知的なレベルでのやりとりを中心とする関係である。もちろん、教師と生徒の関係に情緒的な要素がもち込まれることもある。しかし、それはきわめて偶然にもち込まれるのであり、情緒的要素は、この関係の目的を達成するために必ずしも必要な要素ではない。医師と患者の関係の場合、患者は、医師が提供するサービスの受け手としてつねに受け身である。患者の協力が重要であるとはいえ、医師は主として医療技術と薬を用いて治療に当たっている。これに対して、援助関係におけるクライエントは単なる協力者ではない。つまり、クライエントは自分を自ら助けるために援助を利用するのである。看守と受刑者の関係では、前者が後者に対して権威をもっている。しかし、保護事業や矯正事業におけるいくつかの例を除けば、ふつうケースワーカーがクライエントに対して法的権威をもつことはない。精神科医と患者との関係はケースワークの援助関係ともっともよく似ている。精神科の治療関係とケースワークの援助関係が異なるもっとも重要な点は、精神科の治療関係では情緒的な要素がいっそう深まるという点である。精神科治療はしばしば患者の無意識に焦点を当てるが、ケースワークはクライエントの環境の変化とパーソナリティの意識レベルの問題に関心を絞っている。ただし、精神科領域の実践において、ソーシャルワーカーと精神科医の役割は頻繁に重なり合っているため、この二つの関係の性質を明確に区別することが困難であることも少なくない。

ところで、ソーシャル・ケースワークにおいて「援助関係」という用語が使われはじめたのは最近のことである。具体的にいえば、一九三〇年に出版されたヴァージニア・ロビンソン（Virginia Robinson）の『ケースワーク――心理学の変遷』（*A Changing Psychology in Social Case Work*）がその起源である。歴史的にみれば、アメリカにおけるソーシャルワークは一つの目的と動機だけによって実践を開始した。そして、徐々に知識と技術の体系を発達させ、ようやく理論をつくり上げたのである。いかなる場合も、初めに実践があり、その後に専門用語がつくられる。すなわち、われわれが援助関係という言葉を使うようになるかなり以前から、熟練したソーシャルワーカーたちは実際に援助関係を形成する仕事を行なっていたのである。このように、ケースワークにおいて、援助関係という名称が他の名称よりも好まれるようになるまでには多くの歳月が必要であった。

もっとも初期に使われた用語は「友愛」（friendship）であった。友愛という言葉には、貧民を援助する際に、アメリカのソーシャルワーカーに求められていた慈悲深い資質という意味が含まれていた。すなわち、この言葉には、貧民に対して厳しい態度をとっていたエリザベス救貧法の精神に反対する姿勢が込められていた。しかし、やがて多くの人は、この言葉を曖昧と感じるようになり、ソーシャルワークが専門職業として認知されることになるよう、いっそう「科学的」で正確な言葉を探し求めはじめた。

「接触」(contact)という用語が使われた時期もあった。しかし、この用語は、援助関係における変化や動きを十分に捉える言葉とはいいがたく、やがて好まれなくなった。接触は、ケースワーカーがクライエントに「触れること」(touch)を意味している(むろん、比喩的な意味で「触れる」のではあるが)。しかし、実際の援助関係は変化しつつ継続する過程であり、その過程は、ケースワーカーとクライエントによる両者のやりとりによって進められているのである。

「共感」(sympathy)という用語も初期に使われた。この言葉は、ケースワーカーがクライエントと良好なコミュニケーションを形成するために必要な、ワーカーの情緒的側面をとくに重視した用語である。

友愛訪問を行なうことは、個人の情報をたえまなく得たり、家族の喜び、悲しみ、意見、感情、あるいは人生観全体に対して共感することが目的である。訪問員がこのことを分かっていれば、救済やこまごまとした支援のなかで大きな失敗をすることはないだろう。しかし、訪問員がこのことを分かっていないと、家族メンバーに恩恵を施すような関係において、大きな失敗をおかしてしまうことになりやすい[2]。

やがて、ソーシャルワークの専門用語として、「共感」に代わって、「感情移入」(empathy) が用いられるようになった。多くのソーシャルワーカーが「感情移入」を、クライエントの感情をより現実的に分かち合う様子を表現しうる言葉と見なしたからである。バーゼス (E.W. Burgess) は、クリフォード・ショウ (Clifford Shaw) が提唱した、問題をかかえる少年たちに対する援助技術について論じるなかで、多くのワーカーが「感情移入」という言葉を好むようになった理由を次のようにのべている。

援助過程の第一段階は、少年に対して共感するのではなく感情移入することである。カウンセラーは、少年の生活歴を理解することによって、少年たちの生活を、一般の大人が評価するようにではなく、少年たち自身が考えているように理解することができるのである。感情移入とは、人間的で民主的な方法を用いて他者の経験を共有することである。このようにして、あるいは別の方法を用いることによって、ラポールが確立されてゆく。共感も共感しようとする人が他者の立場を共有しようとする試みであるが、他者の立場に巻き込まれすぎて失敗する危険もある[3]。

心理学から借用した「ラポール」も、長いあいだソーシャルワーカーたちから親しまれてきた用語である。

ラポールを確立することができれば、ケースワーカーはすべての面接において、温かく、自然で、外向的に振舞うことができるし、また、援助にゆとりをもって臨むことができる。ケースワーカーは、援助という目的をもった援助関係をつくるために、クライエントとのあいだに情緒的な架け橋を設ける。そしてケースワーカーは、この架け橋を通して、クライエントと彼がかかえる問題に関する事実や資料を獲得し、同時にこの架け橋を通して、ケースワーカーの解釈、助言、示唆をクライエントに伝えることができるのである。(4)

「トランスファー」(情緒的関与)は、ジェシー・タフト(Jessie Taft)によって、ソーシャルワークに紹介された用語である。文献によれば、トランスファーは「クライエントに対する情緒的な係わり」であると説明されている。(5) しかし、ヴァージニア・ロビンソン(Virginia Robinson)、以下のように、この用語は不適切であると反論している。

トランスファーは、精神医学の専門用語をそのまま借用したにすぎない。したがって、この用語を使うことによって、ケースワーカーは他の専門職に従属することになりかねないし、ケースワーク独自の援助過程の分析がさまたげられ、混乱が生じることになる。(6)

やがて「転移」(transference)という用語が、「援助関係」の同義語として、一部のソーシャルワーカーによって使われはじめた。しかし、まもなく、この言葉にも反論が唱えられるようになった。

転移という言葉は、心理学とそれに隣接するあらゆる領域が共有する財産になっている。しかし、その本来の意味は見失われ、濫用されるまでになってしまっている。精神科医とソーシャルワーカーは、この言葉をさまざまな人間関係に、とりわけケースワーカーとクライエント、治療者と患者の関係に使用している。しかし、私たちはクライエントの幼少時における重要な情緒的人間関係が転移と深く関わっている事実は認めなければならないものの、転移という言葉は、明らかにある程度の治療・援助関係が形成されて繰り返し転移現象が起こっている場合や、あるいは繰り返し起こる可能性がある場合に限定して用いるべきである。[7]

ケースワークにおける援助関係にどのような名称を与えてきたかということよりも、援助関係をどのように説明し、定義してきたかということのほうが重要である。一九四〇年以前のソーシャルワークの文献を見ると、当時のソーシャルワーカーたちが専門用語を定義することにほとんど関心をもっていなかったことが明らかである。一九四〇年以降になっても、ソーシャルワークを概念的に分析したり定義したりする試みは、文献のなかでほんの数行程度行なわれたにすぎなかった。

年代順に並べた以下の抜粋を通して、援助関係の本質を論じようとした試みの歴史を明らかにしようと思う。以下の文章のなかには、きちんとした定義を試みたものもあるが、援助関係に関して重要と思われる性質を単に指摘しただけのものや、きちんとした意図をもたずに大ざっぱな説明だけで終わっているものもある。

**一九二九年**　ソーシャル・ケースワークの血と肉は、ケースワーカーとクライエントのあいだの力動的な人間関係、あるいはケースワーカーと子どもや里親とのあいだの人間関係のなかにある。すなわち、このような人間関係こそ、個人が彼のパーソナリティを最大限に発達させようと望み、その望みを遂行する過程を支えるパーソナリティ同士の相互作用をつくり出すのである。(8)

**一九三〇年**……治療的な人間関係の本質的な特徴は、クライエントとケースワーカーのあいだで力動的な相互作用が営まれることである。(9)

……治療的な人間関係それ自体が、やがて建設的な方向性をもった新たな環境となり、その環境のなかで、クライエントはより良い解決に向けて努力する機会が与えられるのである。(10)

**一九三五年**　診断と治療のどちらの過程においても、そこで行なわれる面接は互いのパーソナリティが力動的に相互作用する場である。この相互作用は、お互いの質問や応答、また身ぶり、表情、態度、あるいは服装などのやりとりを通してたえず進行する。つまり一般的にいって、面接はお互いの考え方、感情、行動などを互いに観察し合う場である。(11)

このプロセスを友愛と呼ぼうがラポールと呼ぼうが、あるいは同一視、トランスファー、人間関係、共感的洞察、感情移入と呼ぼうが、要するにそれは架け橋をつくる過程である。そして、この架け橋を通して、面接者と被面接者はお互いに知性や情緒で感じたことを伝え合うことができるのである。さらにそのような作業を通して、面接者と被面接者は「われわれ」という意識をもつことができる。つまり、両者はこの架け橋を通して、人と人とを引き離し、別れさせてしまうような空っぽでむなしい関係をのり越え、あたかも血縁同士であるかのような感情をもつことができるのである。(12)

**一九四〇年**　ケースワーカーはつねに偏見や不安に支配されない人間関係をつくり、クライエントとともに問題解決に当たることができるような開放的な雰囲気を提供しなければならない。ケースワーカーとクライエントの関係性においては、両者を構成するさまざまな要素がどのように相互作用するかによって、援助の結果は左右されるのである。(13)

**一九四一年**　それはパーソナリティとパーソナリティとのあいだの力動的な相互作用である。より正確にいえば、人それぞれのパーソナリティの傾向あるいは衝動が力動的に相互作用することである。……この相互作用がどのように進行するかを決定するのは、二人の人間である。ただし、二人の人間がそれぞれに、それ以外の人間関係を営んでいることも忘れてはならない。さらに、二人が出会う社会的状況も相互作用に多くの影響を与える条件である。(14)

いい換えれば、援助関係とは、援助という目的を遂行するための「手段」である。つまり援助は、援助関係を形成すること自体を目的としているわけではない[15]。

**●一九四八年** 援助関係は媒体である。この媒体を通して、クライエントは自分の問題を表現することができるようになる。またこの媒体を通して、クライエントは、情緒的問題のように非常に多くの葛藤を含んだ現実の問題に直面することができるようになる[16]。

**●一九四九年** もっとも簡潔に人間関係を定義すれば、それは二人のあいだに存在するつながりである。その目的は、二人がともに満足したり何らかの目的を達成したりすることである。一方、ケースワークにおける援助関係は、職業関係としての出会いであり、その目的は、クライエントが自分の問題にいっそうきちんと向き合い、それを受けとめて生きていけるようになることである。したがって、治療に結びつくような情緒的なやりとりは援助関係の範囲のなかでのみ行なわれる。そして、援助関係では言葉や感情、態度、思考などあらゆるものが、ケースワーカーとクライエントのあいだでやりとりされたり、表現されたりしている。このことは、互いが言葉や感情などを明らかなかたちで表現する場合でも遠回しに隠そうとする場合でも同じである[17]。

**●一九五一年** 民主社会の成立根拠と照らし合わせれば、専門的な援助関係とは、関係を形成する二人が互いの責任を共有し、他者の権利を認め合い、また互いの違いを受けとめ合う相互の過程なのである。そして、その目標は、クライエントを孤立化させることではなく、クライエントが相互作用を通じて成長を促すような社会化された態度と行動を獲得することを目的としている[18]。

以上の引用文には多くの類似点がみられる。つまりケースワークにおける援助関係は、ある種の雰囲気、ケースワークの肉と血、架け橋、あるいは開放的な雰囲気などとたとえられてきた。援助関係の本質については、相互作用（interplay）、相互の情緒的なやりとり、力動的な相互作用、媒体、二人のあいだに存在するつながり、職業関係としての出会い、相互の過程といった言葉で表現されてきた。また、「相互作用」（interaction）という概念や「力動的」（dynamic）という表現が多くの引用文で用いられている。

次に、援助関係における力動的な相互作用を成立させる要素についても、実にさまざまな言葉で表現されていた。たとえば、パーソナリティ同士として表されていたり、思考、感情、行動と言われたりすることがあった。あるいは、ケースワーカーとクライエントの関係、ケースワーカーとクライエントのあいだでのやりとり、両者のあいだで表現されるあらゆるものなどと表現されてきた。しかし、引用文のように、あらゆる要素が力動的な相互作用を成立させていると捉えれば、援助関係を形成する過程とケースワーク過程全体をどのように区別するかという問題が生じる。たとえば引用文では、援助関係を築く過程と診断や治療の過程は区別されていない。援助関係はあらゆるものがやりとりされたり、表現されたりするものであると仮定するなら、ケースワークの過程全体と同義語であると言えるのかもしれない。

さらに、引用文は、援助関係の目的については、ある雰囲気をつくり出すこと、パーソナリティの成長をもたらすこと、より良い問題解決をはかることであると述べてきた。あるいは、援助という目的を遂行するための手段であったり、現実と情緒の問題を示して、それらに焦点を当てることであったり、クライエントが自分の問題に向き合えるよう援助することであるとも述べていた。

**援助関係とは、ケースワーカーとクライエントとのあいだで生まれる態度と情緒による力動的な相互作用である。そして、この援助関係は、クライエントが彼と環境とのあいだにより良い適応を実現してゆく過程を援助する目的をもっている。**

第1部のこれ以降では、以上の定義を考察してゆくためにいくつかのテーマを設け、それぞれのテーマ別に考察を進めてゆくことにする。それらのテーマとは、①援助関係の目的とは何か、②相互作用の要素である態度と情緒について、③相互作用の力動的な性質について、そして、④援助関係の特質とは何かである。

## 援助関係を形成する目的

一般的にいえば、ケースワークの過程全体は心理・社会的ニーズを充足させ、クライエントを援助して問題を解決することが目的である。これに対して、援助関係を形成することはケースワーク過程全体の目的の一部分である。この目的に加えて、援助関係の形成には、当面の目的というものがある。つまりそれは、クライエントが調査や診断、あるいは治療の過程に安心感をもって、また効果的に参加してゆけるような雰囲気や環境を援助のなかにつくることであると言ってもよいだろう。事例によっては、援助関係を形成することで、一つかそれ以上の当面の目的を達成することができる。なぜなら、それぞれのケースワークが実践されている状況は個別的であり、援助を進める各社会福祉機関はそれぞれに異なる機能をもち、パーソナリティ、ニーズ、問題が異なるクライエントをかかえているからである。

たとえば、公的扶助機関では、クライエントが公的扶助の受給資格を細かく証明する作業に参加するときに、個人としての威信と人間としての価値感を維持できるよう援助することが、援助関係を形成する際の当面の目的となるだろう。また、未婚の母親を援助する場合には、クライエントが未婚の母親という身分につきまとう自己否定的な感情の雲を取りはらい、彼女が自分自身と子どものために建設的な方向で問題解決を考えられるよう導くことが、援助関係を形成する当面の目的となるだろう。そのような援助関係があってこそ、彼女は不安を緩和してゆくことができるだろうし、自ら困難な未来に直面するだけの強さとエネルギーをもつことが可能になるのである。さらに里親と里子に対する援助、また児童相談所における児童と大人に対する援助、あるいは仮釈放者に対する援助などでは、クライエントが自分の潜在的な能力を動員したり、彼らの人生における困難な時期を心理的に耐えられるようサポートすることが、援助関係を形成してゆく当面の目的になるだろう。複雑な問題をかかえた事例においては、援助関係を形成することで、多くのこのような目的を達成することができるかもしれない。

## 援助関係における態度と情緒

援助関係を構成するものは、ケースワーカーとクライエントのあいだに生まれる態度と情緒による相互作用である。一般に、「態度」(attitude)とは、「ある一定の状況に置かれたときに、一定のやり方で行動する傾向、もしくはそのように行動しようとする固い決意(ないし意志)」と定義されている。[19] つまり、態度は意志の働いている方向を示しており、その方向は知的な信念にもとづいている。ただし、そこに情緒的な色彩が加わることもある。「情緒」(emotion)とは、「生じてくる感情を自覚した状態のことである。それは、刺激となる状況を認識することで生じ、身体全体の仕組みに変化をもたらすものである」と説明されている。[20] それでは、援助関係における態度や情緒とは何であろうか。

ソーシャルワークは、多くの臨床現場で多くのクライエントと係わってきた経験から、社会福祉機関に求められる援助はいかなる場合でも心理・社会的性質をもっているという確信を育ててきた。つまり、クライエントが具体的あるいは物質的サービスを求める場合であっても、ある種の不快な感情がクライエントのなかには存在している。そして、その感情は必ずしも言葉で表現されたり、はっきりと行動に示されたりはしないかもしれない。いい換えれば、社会的なニーズや問題には、必ずこのようなかたちで情緒が深く関わっているのである。また、環境上の問題があるために、どうにも対処の仕様の難しいさまざまな情緒的反応が生じている場合もあるかもしれない。

むろん、クライエントによって情緒の内容やその強さの程度は異なる。また、社会的問題の内容やその意味も、クライエントによって異なるだろう。なぜなら、クライエントによって、生活状況に対処する能力も情緒の成熟度も、パーソナリティの強さも異なるからである。しかし、このような相違はあるものの、いかなるクライエントも彼らに共通する情緒と態度の基本的な傾向をもっている。

彼らの情緒や態度の基本的傾向は、心理・社会的な問題をかかえるクライエントが共通にもっている人間としての基本的な七つのニーズから生じている。クライエントの基本的なニーズとは、以下の七つである。

(1) クライエントは、ケースとしてあるいは典型例として、さらにある範疇に属する者として対応されることを望まない。彼らは、一人の個人として迎えられ、対応してほしいと望んでいる。

(2) クライエントは、否定的な感情と肯定的な感情、そのどちらをも表現する必要性をもっている。これらの感情には、恐れ、不安、怒り、憎しみ、あるいは自分の権利が侵害されているという感情などが含まれる。また、これらとは逆の感情も含まれている。

(3) クライエントは、依存しなければならない状態に陥ったり、弱さや欠点をもっていたり、あるいは失敗を経験しているとしても、一人の価値ある人間として、あるいは生まれながらに尊厳をもつ人間として、受けとめられたいというニードをもっている。

(4) クライエントは、彼らの感情表現に対して、ケースワーカーから共感的な理解と適切な反応を得たいと望んでいる。

(5) クライエントは、彼らが陥っている困難に対して、ケースワーカーから一方的に非難されたり、叱責されたくはないと考えている。

(6) クライエントは、自分の人生に関する選択と決定を自ら行ないたいとするニードをもっている。彼らは、ケースワーカーから選択や決定を押しつけられたり、あるいは「監督されたり」(bossed)、命令されたりすることを望まない。彼らは、命令されたいのではなく、援助を求めているのである。

(7) クライエントは、自分に関する内密の情報を、できるかぎり秘密のままで守りたいというニードをもっている。彼らは、自分の問題を、近隣の人や世間一般の人びとに知られたいとは願っていない。また、自分の評判を捨ててまで、社会福祉機関から援助を受けようとも思っていない。

クライエントが、以上のニーズを明確に意識している場合もあれば、そうでない場合もあるだろう。また、彼らがこれらのニーズを直接言葉で表現することはあまりないだろう。しかしこれらのニーズは、いずれも彼らの情緒に影響を与え、彼らの行動にも部分的に影響を与えている。感受性の豊かなケースワーカーであれば、そのような影響を観察し、さまざまなかたちで表現されるクライエントのニーズやその影響、すなわち、クライエントによって異なるさまざまな情緒の表現の仕方や、同じクライエントであっても年齢によって変化する多様な情緒の表現の仕方を捉えることができるのである。

やがて、クライエントの内部に存在しているさまざまな情緒がケースワーカーの情緒を刺激し、二人のあいだで力動的な相互作用が始まることになる。

## 情緒と態度による力動的な相互作用

一般的にいえば、相互作用とは、二つないしそれ以上のエネルギー源が互いにエネルギーをやりとりすることである。たとえば、会話は二人のあいだの言葉のやりとりであり、ボクシングは二人の人間の肉体によるやりとりである。また、教育は知性のやりとりである。いずれの場合も、何らかのエネルギーがやりとりされている。しかし、やりとりされるエネルギーの種類が異なれば、やりとりの性質も異なることになる。こうした意味でいえば、ケースワークにおける援助関係における相互作用は、クライエントとケースワーカーとのあいだの態度と情緒によるやりとりである。

援助関係では、態度と情緒による力動的な相互作用が生まれる。この相互作用が目指す方向とやりとりの速度は、それぞれの事例の援助目標や援助の段階によって異なる。しかし、やりとりそのものが完全に止まってしまうことはない。「力動的」(dynamic)という言葉は、「静止」(static)という言葉と反対の意味をもっている。つまり、そこには活気が存在しつづけているという意味が込められている。これと同じように、ケースワーカーとクライエントとのあいだの態度と情緒による力動的な相互作用も、一回の面接のなかでその速度や表現の仕方が変化することはあるが、決して静止することはない。また援助関係がつづくかぎり、力動的な相互作用の動きが中断されることもない。このような援助関係における相互作用は、少なくとも三つの方向性をもっている。

第一の方向は、クライエントからケースワーカーに向けて発信される相互作用である。援助関係では、まずクライエントからケースワーカーに向けて、さきにのべた七つの基本的なニーズが感情となって発信される。このとき、クライエントは自分の問題や弱さをケースワーカーにうち明けなければならず、それにともなって多くの恐れや不安を抱いている。たとえば、彼らは「このケースワーカーは、私の話をよく聴き、温かく、そしてきめ細かく対応してくれるだろうか」「このワーカーは、私を価値や尊厳をもつ人間と見なすだろうか」「それとも、私をケースとして、冷たくあしらうだろうか」、あるいは「このケースワーカーは、私を失敗者と決めつけたり、私が願わぬことを強く命令したりしないだろうか」「私の秘密を他人に洩らさないだろうか」などの恐れや不安を抱いている。

第二の方向は、ケースワーカーからクライエントに向けられる相互作用である。ケースワーカーは、クライエントのもっている基本的なニーズや感情を感知し、その意味を理解し、それらに適切に反応する。そしてその際、ケースワーカーは言葉に頼るのではなく、態度を通して、ワーカーの理解や反応をクライエントに伝える。そのような伝達を、あえて言葉で示すとすれば、「あなたの問題、能力、長所や短所が明らかになっても、私は一人の人間としてあなたを尊重します。私は、あなたが罪を犯しているか否かを裁くつもりはまったくありません。私は、あなたが自分で選択し、決定することができるように援助したいと思っています」などとなるだろう。ケースワーカーは、クライエントにこのようなかたちで反応し、ワーカーの姿勢を伝え、クライエントがそれらの反応や姿勢を認知してくれるよう期待する。

このようなケースワーカーの反応は、主にワーカーの内面で生じる。したがって、おそらくワーカーがそれを言葉で表現することはないだろう。ケースワーカーがそれを言葉で伝えなくても、実際にクライエントを尊重する態度を示したり、あるいはワーカーの内面でクライエントの感情を感知したりする努力が払われれば、ともかくクライエントはワーカーの反応を直感的に感じとるものである。また、ケースワーカーがそのような態度を示さなければ、どのような言葉を用いたとしても、クライエントは自分を尊重する態度に欠けるワーカーであると感じとるものである。さらに、このような反応はすぐさまケースワーカーが身につけられるものでもなく、自然と身につくものでもない。また、初めからワーカーに身についているものでもない。むしろ、それはケースワークの過程を通して、成長し、深まっていく生き物のようなものである。ケースワーカーは感受性豊かに診断を思考することによって、いつこのような態度を言葉で表現するのがもっとも適切であるかを判断することができるようになる。

第三の方向は、ふたたびクライエントからケースワーカーへ向けて発信される相互作用である。クライエントは、ケースワーカーが自分を尊重する態度をとろうとしてくれていると気づきはじめる。そして、クライエントは、そのようなワーカーの反応を受けとったということを、どのようにワーカーに伝え返したらよいのかを少しずつ理解しはじめる。多くの場合、クライエントは、その伝え返しを言葉ではなく、態度を通して表現するだろう。このとき、クライエントがケースワーカーから受けとっている反応とは、ケースワーカーが自分の感情表現を歓迎しようとしてくれていること、不安や恐れを感じとり、それらを理解しようとしてくれていること、あるいはワーカーが自分を受けとめ、非難することはないということなどである。もし、このようなクライエントの感情や態度が言葉で表現されるとすれば、たとえば「これまで誰と話をしてみても、これほど安心して、自由に話ができたことはありません」、あるいは「あなたと話をしていると、とても気分が楽になります」など、おそらく単純な表現になるだろう。

力動的な相互作用を概念として考えるならば、それだけを切り離して考察することはできる。しかし実際には、この相互作用は、ケースワーカーとクライエントが互いに響き合うようにして進んでゆく生き生きとした活気に満ちたやりとりであり、援助過程の全体と深く関わっている。またこの相互作用は、いったん援助が終了したあとで援助を再開するときに、かつての相互作用が継続して、生き残っていることがあるくらい、持続する生き物のようなものである。

## 援助関係を形成する七つの原則

物事を十分理解するにはそれを構成する要素を把握することが必要である。これまでは援助関係を全体として論じてきた。しかし援助関係の概念はどのように分類できるだろうか。つぎに示す表は、二つの分類軸（つまり、三つの「方向」と七つの「原則」という軸）によって、援助関係における相互作用を分類し、整理したものである。

表中に示した「方向」は、さきにのべた相互作用の三つの方向である。また七つの原則は、すでにのべたように、援助関係全体を構成する要素である。これらの原則にはいずれも三つの方向が含まれている。

七つの原則はケースワーカーの行動原理といってよい。これらの原則はいずれも援助に関する基本的な事実にもとづいた原則であり、ケースワーカーの援助行動に何らかの影響や指針を与え、ワーカーの行動を導くものである。このように整理してみると、七つの原則は、いずれも援助関係を構成する性質であり、要素であると考えることができる。つまり七つの原則は、あらゆる人間関係を良好なものにするという意味では、性質であり、援助関係を構成しているものという意味では、

援助関係における相互作用

<table>
<tr><th>第1の方向：<br>クライエントのニード</th><th>第2の方向：<br>ケースワーカーの反応</th><th>第3の方向：<br>クライエントの気づき</th><th>各原則の名称</th></tr>
<tr><td>一人の個人として迎えられたい</td><td rowspan="7">ケースワーカー<br>は<br>クライエントの<br>ニーズを<br>感知し、<br>理解して<br>それらに<br>適切に<br>反応する</td><td rowspan="7">クライエント<br>は<br>ケースワーカー<br>の<br>感受性を<br>理解し、<br>ワーカーの<br>反応に<br>少しずつ<br>気づきはじめる</td><td>1 クライエントを個人として捉える（個別化）</td></tr>
<tr><td>感情を表現し解放したい</td><td>2 クライエントの感情表現を大切にする<br>（意図的な感情の表出）</td></tr>
<tr><td>共感的な反応を得たい</td><td>3 援助者は自分の感情を自覚して吟味する<br>（統制された情緒的関与）</td></tr>
<tr><td>価値ある人間として受けとめられたい</td><td>4 受けとめる（受容）</td></tr>
<tr><td>一方的に非難されたくない</td><td>5 クライエントを一方的に非難しない<br>（非審判的態度）</td></tr>
<tr><td>問題解決を自分で選択し、決定したい</td><td>6 クライエントの自己決定を促して尊重する<br>（クライエントの自己決定）</td></tr>
<tr><td>自分の秘密をきちんと守りたい</td><td>7 秘密を保持して信頼感を醸成する（秘密保持）</td></tr>
</table>

要素である。

本書のこれ以降では、七つの原則をそれぞれ七つの章にわけ、別々に論じてゆく。しかし実際には、これらの原則は互いに独立したものではない。それぞれの原則には他の原則が必然的に含み込まれるからである。つまりどれか一つの原則がうまく適用できなければ、援助関係全体に欠陥が生じるし、どれか一つが欠けても良い援助関係を形成することはできないのである。

七つの原則が、ケースワーカーとクライエントの両者を視野に入れた原則である点は注目してよい。これらの原則と近い関係にあるその他多くのケースワークの概念は、主としてケースワーカーだけか、もしくはクライエントだけに焦点を当てた概念である。たとえば、ケースワーカーだけに焦点を絞った概念もあり、自己理解（self-awareness）、客観性（objectivity）、あるいは専門的態度（professional attitude）などがそうである。むろん、それらの概念もクライエントを意識してはいる。しかし、それらには、ここでのべている原則のように、ワーカーとクライエントのあいだの相互作用に焦点を当てる考え方はみられない。それらは、援助関係を築く上で必要なケースワーカーの性質を概念化しているにすぎないのである。また、クライエントだけに言及したケースワークの概念もある。たとえば、安心して自分をさらけだすこと、客観的に自分を見つめる能力や強さ、ケースワーカーに対する信頼、建設的な方向に変化するために行動する力などの概念である。しかしこれらは、むしろ良好な援助関係がクライエントにもたらす望ましい結果ないし効果であると考えたほうがよい。

援助関係はケースワークの魂であるといわれてきた。これに対して、調査、診断および治療の過程はケースワークの身体であるといわれてきた。援助関係が魂に、そしてケースワークの諸過程が身体にたとえられてきたように、この二つは概念上区別されているにすぎず、実際には一体となって機能しているものである。両方とも人間の相互作用の一種であり、両者ともある種のエネルギーのやりとりである。援助関係における相互作用は、主として内的なやりとりであり、やりとりのエネルギーは感情と態度である。これに対して、調査、診断、あるいは治療の諸過程における相互作用は、主として外面に現れており、その相互作用のエネルギーは言葉と行動である。ケースワークの実践において、この二つの相互作用が一体となって進んでゆくことは、生き物がつねに何かを調和させながら、一体化をはかって生きている姿とよく似ている。外面に表われた相互作用は、内的な相互作用をつくり出したり、内的なやりとりを明瞭な姿で表現させたり、あるいは内的な相互作用にさまざまな影響を与えるだろう。あるいは、内的な相互作用が外的な相互作用に同じような影響を与えることもあるだろう。実際、この二つの相互作用を切り離すことはできないのである。すなわち、良好な援助関係が形成できなければ、面接、調査、診断および治療の過程も生命を失くしてしまうのである。

ここにソーシャルワークと他の援助専門職との主な違いがある。たとえば外科、歯科、あるいは法律の分野でも、「完璧」なサービスを提供するためには、良好な人間関係が形成されているほうが望ましい。しかしそのような人間関係は、それらのサービスの「本質」にとって必ずしも必要なわけではない。たとえば外科医は、ベッドサイドでの礼儀を必ずしもわきまえる必要はない。また、歯科医はつねに患者の感情を尊重しなくても治療を行なうことができる。あるいは、弁護士は冷淡で事務的すぎる態度をとることもある。しかし、外科医は手術に成功すれば、また歯科医は痛む歯を治療すれば、あるいは弁護士は訴訟に勝つことができれば、依頼されたサービスを提供したことになる。しかしケースワーカーはそうではない。ケースワーク・サービスを提供するあらゆる場面において、良好な援助関係は、完璧な援助を目指すために必要であるばかりでなく、援助というサービスの本質を維持するためにも不可欠なのである。

# 第2部　援助関係を形成する諸原則

原則1

# クライエントを個人として捉える（個別化）

慈善事業は数世紀にわたって、個人が別の個人にサービスを提供するというかたちで活動を進めてきた。キリストは自分の弟子たちに隣人を愛する誓いを立てさせた。そして、弟子たちが自分たちの愛を個々人の状況に合わせて与えることを望んだ。すなわちキリストは、彼が弟子たちを愛したように、弟子たちが互いに愛し合い、また弟子たちがキリストに対して行なってきたことを、他人にも行なうように命じたのである。中世の聖人であったアシジのフランチェスコ(saint Francis of Assisi)は、ケースワークの直感と呼んでよいものを豊かに身につけていた人であった。彼は、他者の外見を見ただけでその人物を見ぬいたり、心理的方法によって、その人の魂を救う手助けを行なった。その後、宗教上の指導者として、十六〜十七世紀にかけては聖ヴァンサンド・ポール(St. Vincent de Paul)が、また十九世紀になるとフレデリック・オザナム(Frederic Ozanam)が現れた。彼らは、あらゆる人を社会的存在と見なしたばかりでなく、一人の個人として捉えていた。彼らは宗教的な動機から、神のみもとにおいて兄弟である隣人の身体と精神を救うべく努力したのである。彼らは、「数々の人間の失敗によって、曖昧になってしまった、人間の心の特質を探し求めた」[1]のである。

しかしキリスト教国が分裂し、教会が後援した慈善団体が弾圧を受け、やがて冷酷なエリザベス救貧法の精神に強く影響をうけた公的救済の「暗黒の時代」がおとずれた。そして不幸なことに、貧民に対する非人間的態度は、少しずつ改善はみられたものの、ここ二世紀以上にわたって英語圏諸国の救済計画を支配しつづけてきたのである。この間、貧困者を一人の人間として個別的に捉えるなどという考え方は無視されつづけた。この考え方が見直されるには相当に長い時間が必要とされたのである。

アメリカにおけるソーシャルワークの歴史上、クライエントを個人として捉えるという考え方を再発見しようとするきざしが現れたのは、一八八〇年の慈善・矯正事業の全国大会（National Conference of Charities and Corrections）においてであった。この大会に参加した代表者たちの関心は、主に二つの方向に分かれていた。一つは、貧民を弾圧し抑制するという古くからあった関心である。そしてもう一つは、貧困者をより人道的に個人として捉えようとする新しい関心であった。この二つの関心の対立は、人間にまつわる古くから存在していた問題である。この会議で二つの関心のあいだの論争が再開されたのである。簡単にいってしまえば、一人の人間を変えるのか、それとも社会を変えるのかという論争が再開されたのである。[2]

一八八六年の全国大会において、ジョージ・バゼル（George B. Buzelle）は、つぎのように発言している。「われわれが仲間を分類するとき、自分の経験や知識だけで判断を行なうと、仲間の意に反した結果になってしまいがちである。貧困者や、貧しさよりさらにひどい困難に苦しんでいる人びとには、彼らを一つの階級としてくることができるだけの、共通した身体的・知的あるいは道徳的発達の特徴を見出すことはできない」。また、一九三〇年、ヴァージニア・ロビンソン（Virginia Robinson）は「現代のケースワークの基礎。それは、クライエントを一人の個人として捉える原則である」[3]と発言し、バゼルの発言を支持している。

アメリカにおいて、慈善組織運動が発達しはじめた当初、クライエントを個人として捉えるという考え方は、法的に行なわれる「取り調べ」のような、初歩的な方法によって行なわれていた。つまり、それは事実を収集することに重きがおかれ、非常に冷酷な援助過程であった。そのような過程に共通する方法は、忠告、説得、そして訓戒であった。事実を究明する診断の過程に人間的な温かさが必要であると論じ、個人の福祉と社会の福祉が相反する傾向をもっていることから生じる争いを和解させたのは、メアリー・リッチモンド（Mary Richmond）である。クライエントを個人として捉えるという考え方は、クライエントを直感だけで捉えるのではなく、専門的な態度をともなって理解することである。ケースワークは、徐々にではあったが、この考え方を意識的に取り入れ、これを援助という仕事のなかに組み込んでいった。リッチモンドは、クライエントを個人として捉える考え方が正当であることをつぎのようにのべている。「民主主義の初期の段階において、行政はすべての人に同じことをすることが最善の方法であると考えていた。しかし、今やわれわれは、社会改良を明確に意識しながら、一人ひとりの人に対して、それぞれに異なるサービスを提供しはじめている[4]」。

今日われわれは、援助を進める上で、クライエントを一人の個人として捉える必要があるという確信をもつにいたっている。この確信を具体的に表現すれば、以下のようになるだろう。

クライエントを個人として捉えることは、一人ひとりのクライエントがそれぞれに異なる独特な性質をもっていると認め、それを理解することである。また、クライエント一人ひとりがより良く適応できるよう援助する際には、それぞれのクライエントに合った援助の原則と方法を適切に使いわけることである。これは、人は一人の個人として認められるべきであり、単に「一人の人間」としてだけではなく、独自性をもつ「特定の一人の人間」としても対応されるべきであるという人間の権利にもとづいた援助原則である。

現代のケースワークは、クライエント個人に焦点を当てている。したがって、クライエントの問題の現れ方はクライエント個人によって異なっている。また、個々の事例ごとに、診断が行なわれ、目標が設定されている。さらに、治療も個人と個人の関係を通して、個人を基盤として進められている。つまり、それぞれのクライエントはそれぞれに個人であり、それぞれの問題はすべて固有の問題であると捉えられている。そして、ソーシャル・サービスも、それぞれの社会環境によって異なる、特殊な、個別的情況に即して進められるようになっている。しかし、われわれは個別性を強調しすぎるあまり、共通性を排除してしまうような一部の実存主義哲学に固執しているわけではない。ソーシャルワークは、人間性に共通の特質があることを十分に認めているし、人間の行動に共通のパターンがあることも理解している。ソーシャルワークは、個別性を重視してはいるが、人間性に共通する基本的な特質や特徴も重視し、二つの重要性のあいだのバランスをうまく保っているのである。

## 個人として捉えられることは、クライエントの権利でありニードである

人を個人として捉えることは、「人」(person)という概念の本質的な特徴の一つである。ボエティウス(Boethius)は、人を「理性のある一個人として存在している実体である」と定義している。(5) このような人間性はすべての人間に存在している。しかし一人ひとりのなかにおいて、人間性はそれぞれ個別的なかたちで存在している。また人は、遺伝や環境の要素によって個性を与えられている。さらに人は、生まれつきの知的能力、意欲、あるいは神の恵みに従って助け合う活動などの条件の

違いによって個性を与えられている。それぞれに異なった内的および外的刺激を受けながら、人はそれぞれに異なった生活体験をもっている。人の情緒と記憶は、一人ひとり異なったかたちで、人の思考や感情、あるいは行動に影響を与えている。つまり、人それぞれの性質とは、「いかなる他者のやり方とも異なる方法で、その人がもっている精神の力を統合したり、ある方向へその力を向けることができるもの(6)」である。

一人のクライエントは、他のクライエントとは異なる存在である。したがって、彼が必要とする援助も、別のクライエントが求める援助とは異なっている。つまりケースワークは、一人ひとりのクライエントがもっている独特なニーズをそれぞれに認識し、一人ひとりのクライエントが問題解決をはかるために、そのクライエントに独特な能力や資源を活用するよう援助を進めなければならない。

人はだれでも、自分が二人とはいない独特な存在であると意識している。この意識は、人が援助を求めて社会福祉機関を訪れるとき、とくに強くなる。このとき、人は単なるケースや典型例、あるいはある範疇に属する人として対応されるのではなく、一人の個人として対応されたいという強いニードをもっている。たとえ、ケースワーカーが受給資格の要件を個人の特殊事情に合わせることができないとしても、クライエントが受給要件を満たせるよう、援助の方法を工夫することはできる。

クライエントは大変傷つきやすく、敏感な状態で社会福祉機関を訪れる。そして、クライエントは「自分にとってもっとも関心のある話題、すなわち自分の情況や要求について話し合うときに、ワーカーが細心の注意をはらい、秘密を保持し、そして援助するよう」[7]求めている。したがって、「クライエントがワーカーに励まされて、自分の身の上を語ったり説明したり、あるいは自分の情況に対して自分の意見を語ったりするようになれば、クライエントはケースワーカーの態度をある程度認めはじめたといってよい。またクライエントは、ワーカーが彼を権利とニーズをもった一人の個人として尊重していると感じるようになれば、ワーカーから理解されたという感覚ももつようになる。とりわけクライエントは、自分自身について、また、援助を求めざるをえなくなった事情について、あるいは彼の現状に関して抱いている感情を、ワーカーから受けとめられたと感じるときに、理解されたという感覚をもっとも強くもつものである[8]」。

クライエントが、ケースワーカーによって個人として捉えられていると認識するようになれば、望ましい結果が得られるだろう。また、そうなれば、クライエントは社会福祉機関を建設的に利用することができるようになる。もしケースワーカーが、面接の前に読むことのできる過去の資料を調べておけば、「クライエントの情況に関して調べ、理解した内容が、クライエントの認識と一致するかどうかを尋ねるとき、クライエントから好意をもって答えてもらいやすくなる[9]」。しかし、もしクライエントが、ワーカーから十分な配慮をはらってもらえていないと感じるとすれば、クライエントは「しばしばもっとも重要である主観的な感情は表現せずに、客観的な事実を羅列するような反応を示すだけにとどまるだろう[10]」。

クライエントが、ケースワーカーから個人として認められていると感じたり、また自分の問題を理解されていると感じられるようになれば、彼は援助関係に自ら参加してくるだろう。つまり、援助関係が形成できるか否かは、われわれがクライエント一人ひとりを個人として捉えられるか否かにかかっているのである。

## ケースワーカーの役割

専門的な援助を個別の人ないし情況に当てはめてゆく技術は、ケースワーカーの適切な態度や知識、そして能力から生まれるものである。しかしその前に、ワーカーがそれらの態度や能力を身につけるための前提条件がある。それらを以下に列挙したい。

### 1　偏見や先入観から自由になること

援助では、クライエントの問題となっている要因を取り除いたり緩和したりすることが、しばしば援助計画の目標となる。そのため、原因となる要因をきちんと見きわめ、それをある程度客観的に捉える必要がある。しかし、ケースワーカーが偏見や先入観をもっていれば、診断を進めるとき、以前から先入観としてもっていた偏った因果関係に対する見方を、クライエントに押しつけることになりがちである。ケースワーカーはある種の人びとに対して偏見をもってしまうことがある。それらの人びととは、たとえば、ある人種に属する人たち、金銭扶助を求める人びと、未婚の母親、自分の子どもを一時的に預かってくれる里親の保護を求める親、精神病院に入院している患者の親戚、そしてその他のサービスを求める多くの種類の人びとなどである。

ケースワーカーは、自分の個人的感情やニーズ、あるいは逆転移の傾向を正直に、そして率直に自覚しなければならない。「援助がうまくいっていようと行き詰っていようと、そこにはさまざまなワーカーの動機が入り交じっていることは事実である。だからこそ、他者を援助する上で不可欠な要素の一つは、われわれが自分を理解し、自分自身と向き合うことである[11]」。

人間を理解する上で必要であると指摘されてきた事柄は、面接を行なう者にも当てはまる。なぜなら、面接者も一人の人間であり、面接者も意識的な動機のみならず、無意識の動機や両価的感情、偏見をもっており、また客観的に判断して自分の行動をとることもあれば、主観的な判断にもとづいて行動することもあるからである。つまり面接者は、自分があらかじめ身につけてきた態度を被面接者との関係にもち込んでしまうものであり、それによって、援助関係は重大な影響を受けるのである。また、面接者には、自分が抱いている感情は他人も同じようにもっていると捉える傾向がある。その結果、面接者はクライエントの情況や問題に関して重大な誤解をもつことになりやすいのである[12]。

## 2　人間行動に関する知識

人間行動のパターンに関する知識は、個人を理解して援助してゆく際の枠組みとして必要である。ケースワーカーは、このような知識をもつことにより、重要な事実をきちんと把握したり、情況の真の意味を理解したりすることができるようになる。むろん、社会福祉機関を訪れるさまざまな人を効果的に理解する上で、ケースワーカー自身の生活体験は役に立つ。しかしそれだけでは不十分である。「常識」も役に立つが、やはりそれだけでも十分ではない。日常の専門的対人援助サービスにおいては、諸科学の知識と洞察、とりわけ医学、心理学、精神医学、社会学、哲学などの知識を、ワーカー自身の体験や「常識」にきちんと加える必要がある。

## 3　クライエントの話を聴く能力とクライエントを観る能力

聴くことと観ることとは、一人の人間を学習する重要な方法である。クライエントは話をする必要があり、ケースワーカーは彼の話を傾聴する必要がある。クライエントが彼の経歴や感情を彼なりの方法で話すことができるようになれば、ケースワーカーはクライエントについていっそう多くのことを理解することができるようになる。そしてワーカーはクライエントを、さまざまな家族との関係や地域とのつながりのなかで生きている人として捉えることができるようになる。またワーカーは、クライエントをとり巻く社会的状況を観察することができるようになり、さらにクライエントと社会的状況との関連のなかで、クライエントの感情や問題を理解することも可能になってゆく。

クライエントは、友人のように話を聴いてほしいと思っているだけでなく、有能で専門的な能力をもつ人に話を聴いてほしいとも願っているものである。クライエントは、自分にとってもっとも重要な関心を、大声で話したり、はっきりとしたかたちや正式なかたちで表現したりすることはない。むしろ彼は自分の関心を物静かな態度で、また躊躇しながら、あるいは関心を微妙に隠したりしながら、表現するものである。したがってわれわれは、クライエントの話の内容ばかりでなく、彼が話さない事柄にも注意深く耳を傾けるときにだけ、援助を進める上で役に立つ資料を収集することができるのである。

またケースワーカーは、クライエントの表情、視線、手の動き、姿勢、あるいはためらいがちな話し方や言いまわしなど、言葉によらない表現を観察することによって、クライエントの個別性を理解することもできる。クライエントは、話したいことすべてを話せるわけではない。しかし、彼は態度を通して、知らず知らずのうちに、苦痛をさほど感じることもなく、彼自身を表現しているものである。

## 4　クライエントのペースで動く能力

ケースワーカーはクライエント一人ひとりを観察し、クライエントが今いる場所から援助をはじめ、クライエントのペースで援助を進めなければならない。ワーカーがクライエントのペースを尊重することは、クライエントを個人として捉えようとする努力の一つの表し方なのである。ワーカーがこの能力を用いることによって、クライエントはケースワークの調査・診断・治療の過程に参加することができるようになる。逆に、ケースワーカーがクライエントのペースを無視したり、それに無頓着であったりすると、クライエントは、ワーカーが問題の解決を自分に代わって「引き受けてしまった」と感じ、援助過程全体の進行は阻止されるだろう。ワーカーが各クライエントに合ったペースを保ってゆくことが、インテーク面接の予約から最終面接にいたるまでのケースワークの過程を適切に進めてゆく秘訣である。いい換えれば、クライエントのペースを尊重することが、事実を収集し、それを分析・解釈し、さらに治療目標を決定して、資源の活用をはかるという全援助過程を適切に進めてゆくのである。あるいは適切なペースを保つことは、ワーカーがクライエントを個人として捉える作業を進める上での道しるべでもあり、試金石でもあるということができる。

## 5　人びとの感情のなかに入っていく能力

クライエントの感情には、彼のもっとも個人的な特徴が反映されている。つまり、同じ問題をかかえていても、クライエントによって抱いている感情は異なるものである。したがって、クライエントを個人として捉えるには、さまざまなクライエントの多様な感情を感知し、それに適切に反応することが必要となる。ケースワーカーが反応する際にまず必要とされるものは温かさである。つまり、「ソーシャルワーカーが、自分自身と自分の態度を変えようと努力しているクライエントの役に立つためには、まずは親しみやすさという資質をもっていなければならない。また、ソーシャルワーカーは、進んでクライエントの感情のなかに入りこんでゆかねばならないし、クライエントの問題や経験に対するクライエント自身の意見に進んで耳を傾け、問題を解決するための闘いをクライエントとともに辛抱強く進めてゆかなければならない[13]」。

## 6　バランスのとれたものの見方をもちつづける能力

一方で、ケースワーカーは援助全体の情況全体に合わせて、自分の情緒的な関わりを吟味すべきである。そうすれば、ワーカーはバランスのとれたものの見方を常にもちつづけることができる。そして、ワーカーがこのような見方をもちつづけることができれば、さまざまな感情を客観的状況と結びつけたり、個人をその人の家族との関係や社会的状況と関連づけたりした検討ができるようになる。

われわれは、しばしばクライエントの全体像を見落としがちである。たとえば、われわれはクライエントの感情レベルにおけるニーズを発見したいと思うあまり、彼の身体レベルにおけるニーズを見落としてしまうことがある。また、クライエントの無意識の動機を理解しようとあせるあまり、クライエントが意識している願望に気づかぬこともある。つまり、われわれは最新の技術を学び、それを実践しようとあせるあまり、社会的・身体的・知的それぞれの要素間の相互作用や、意識的な情緒と無意識的な情緒とのあいだの相互作用などを見落とす危険をもっている。(14)

## クライエントを個人として捉える手段

ケースワーカーは、効果的に援助を進める上で、クライエントを個人として捉える原則を身につけ、それを実践しようとする態度を維持する必要がある。ワーカーが、このような態度をクライエントが感じとれるよう、目に見えるかたちでクライエントに向けて表現することは可能であるし、またそうすべきなのである。以下にのべる示唆は、単なる例示にすぎないが、ワーカーがクライエントを個人として捉えたり、ワーカーの態度をクライエントに伝えたりする際の具体的な手段を含んでいる。

### 1　きめ細かく配慮すること

ケースワーカーは、きちんと面接の予約をしておくというような、細かな点にまで配慮することによって、クライエントを個人として捉える態度をクライエントに向かって表現し、伝達することができる。たとえば、もしクライエントが小さな子どもたちの母親である場合、ワーカーが彼女に、面接の予約時間が子どもの昼寝と重なってしまわないかとか、面接のためにラッシュアワーに子どもを連れて電車に乗ることにならないかなどと尋ねるとすれば、彼女はこのワーカーが、ある程度自分の情況を理解してくれていると感じるものである。また、クライエントが職業人であれば、彼は午後遅くなってからの、あるいは夕方の面接を提案するワーカーに好意的な反応を示すものである。

## 2　面接時にはプライバシーに配慮すること

ケースワーカーが面接を行なう場所に配慮することは、クライエントが秘密を守られているとか、ワーカーが自分に十分な配慮をしてくれているという感覚をもつ上で重要な手段となる。面接時にプライバシーに配慮することは、社会福祉機関がクライエントの秘密を保持して信頼感を醸成しようとする姿勢をもっていることを、具体的かつ明白なかたちでクライエントに伝えることになる。

## 3　面接時間を守ること

面接時間をきちんと守ることは、クライエントを迎え入れているというワーカーの姿勢を示し、そのクライエントのためだけにワーカーは時間をさいているという態度をクライエントに伝えることになる。しかし社会福祉機関では、仕事が忙しかったり、緊急事態が発生したりして、面接時間を守れないこともある。このような場合、ワーカーはその事情をクライエントに何らかの方法で、きちんと伝えなければならない。また、ワーカーがクライエントを混雑した待合室で待たせなければならないこともある。その場合、ケースワーカーはその事実を話題にして、クライエントがおそらく感じていた不快な感情を理解しようとしている姿勢を伝える必要がある。あるいは、クライエントが面接の予約をしていなくて、長い時間待たせた後に面接を行なう場合もある。この場合、ワーカーは面接予約の方法などについて丁寧に説明することにより、クライエントを個人として尊重しようとしている態度を伝えることができる。

## 4　面接の準備をすること

クライエントを個人として捉える上で、すぐにでもできるもっともすぐれた準備の一つは、以前に書いたケース記録を読み直す時間を取ることである。ケースワーカーはそうすることによって、クライエントの細かな点についての記憶をよみがえらせることができるし、これから行なう面接の目的を仮に絞り込んでおくこともできる。また、ケース記録を事前に読み直す時間を取ることは、ワーカーの関心を日常の雑事や責任から、面接するクライエントとその問題に移行させ、集中させる上でも役に立つ。

## 5　クライエントを活用すること

ケースワークの調査・診断・治療の諸過程において、ケースワーカーがクライエントの現在もっている能力を判断し、彼の能力を活用しようとすることも、クライエントが個人として対応されているという感覚をもつ助けになる。たとえば、ケースワーカーがクライエントに、必要な資料を持参してほしいなどと依頼することは、クライエントが自らその資料を提出する理由を理解できるばかりでなく、その資料がきちんとした目的をもちつつ、自分の問題やニードに合わせて収集されている事実を理解するようになる。またクライエントは、援助目標を選択するときに、自分で選択し、決定するように援助を受ける。このとき、書類に書き込むというような機械的な仕事であっても、クライエントがその選択や決定に参加できる部分があれば、クライエントに取り組んでもらうことも意味のあることである。ソーシャルワーカーはこのような姿勢をもつことによって、クライエントにとっては不健康である「代わってやってもらう」機会を減らすことができるようになる。これらのこともクライエントを個人として捉える態度を伝えることである。また、これらのことによってケースワーカーは、クライエントが新たに自信をもったり、自信を回復するよう刺激することもできる。

## 6　柔軟であること

援助目標にはある程度の一貫性が必要である。しかし、ときには柔軟な修正も必要になる。たとえば、ケースワーカーがクライエントやクライエントの置かれた情況に関する知識を蓄積し、クライエントの生活上の発展や変化に関する知見を増やしていけば、援助目標には柔軟な修正が必要となる。目標を柔軟に修正するとき、ケースワーカーの円熟した判断や客観性、さらに技術が必要とされる。このように援助目標を柔軟に修正したり、あるいはそのために必要な能力をワーカーが発達させることも、クライエントを個人として捉える原則を維持し、高める一つの方法である。

原則2

# クライエントの感情表現を大切にする（意図的な感情の表出）

人は認識する力と意志の力をもつ理性的な存在である。また、本能や衝動、感情や情緒をもつ動物的な存在でもある。人はさまざまな側面をもつ統合体であるため、これらの生命活動は理性的であり、直観力や生長力をもっていて、それぞれが相互に深い関連をもっている。

人は調和のとれた感情や情緒に支えられながら、知恵と意識を働かせ、善と真理の道を選ぶよう、自らを統治して生きることが理想である。こうした意味で、情緒は人間性を構成する不可欠な側面であり、情緒の発達はパーソナリティ全体の発達にとっても不可欠である。

人間の生活における一つの最大の課題は、調和した情緒を維持することである。ストレスという負荷にさらされるとき、人の情緒は理性の指示に背反する方向に彼を導いたり、理性を失った動物的および増殖的欲求や本能によって、彼の生活を支配してしまう傾向をもっている。その結果、情緒が混乱する程度が強ければ、パーソナリティの発達を未成熟のままにとどめたり、神経症や精神病の発現を促すこともある。

近年、さまざまな援助専門職は、十分に調和のとれた情緒的生活がきわめて重要であるという認識を広くもつようになった。心理学も精神医学も、パーソナリティ構造における正常な、あるいは健康的な情緒の役割に関する研究を深めてきた。それによって、情緒障害者の情緒的な生活を整えなおすことを援助する技術（art）は飛躍的に進歩してきた。ソーシャルワークは、これら専門領域が獲得しつつある知見によって、知識を豊かにしている。ソーシャルワークは、これらの専門領域から、人間生活における情緒的要素と社会的条件という要素とが深く結びついていることを学んでいる。つまりこれらの領域から、ソーシャルワークは人間の成長と発達に関する知識体系を得ることで、援助プロセスをいっそう効果的なものにすることができるようになってきたのである。

人間がもつ基本的な心理的ニーズとは、情愛、安全感、地位、自己表現、達成感、自立、そして新たな体験などを求めることである。また、人間の心理・社会的ニーズは、参加すること、他者と経験分かち合うこと、集団の規範に適応すること、あるいは社会的承認や認知を得ることなどである。これらのニーズが否定されれば、欲求不満が生じることになる。ただし、すべての欲求不満を有害といっているわけではない。人の成熟の一つの指標は、欲求不満に対する耐性を獲得することだからである。しかし、欲求不満は不健康な心的機制や好ましくない情緒的反応を引き起こす可能性ももっている。

これらのニーズの度合いは人によって異なるものの、これらはいかなる人間にも共通するニーズである。これらのニーズは、何らかの事情で増幅されたり、抑制されたりすることがあるかもしれない。また同じニーズであっても、その求め方は異なることがある。そして、これら以外のニーズをもつ人もいるだろう。つまり、パーソナリティを構成している力、すなわちニーズはその人固有のものなのである。

これまで多くのソーシャルワーカーは、クライエントの自分を表現したいというニードと他者と経験を分かち合いたいと望むニードが、援助関係において大変重要な意味をもつことを指摘してきた。いかなる種類の社会福祉機関でも、クライエントのこれらのニーズを適切に認識することが重要であるという見解は、すでに多くの文献が指摘している。ここでは二つの文献を引用するだけで十分であろう。

……面接者は、サービスの申請者に対して援助を行なう責任をもっている。この責任を全うするためには、面接者は申請者が特殊な状況のなかで生じるニーズを素早く認識したり、感知したりする技術(skill)が必要とされる。また、申請者が独自のやり方で自分自身を表現したいという個別的なニードを温かく理解することも必要である(1)。

われわれは、困難のさなかにある人びと、すなわち「人生の破局の危機を情緒的に体験しているさなか」にある人びとと係わるのである。したがって、われわれは彼らがさまざまな感情を表現できるよう援助し、彼らのかかえている問題が彼らにとっていかなる意味をもっているのかを理解するよう努力すべきである。このとき、二つのことを意識する必要がある。一つは、彼らは感情を表出することによって、問題をいっそう混乱させている彼らの緊張や圧力から解放されてゆくということである。つまり、彼らは感情を表出するという経験を味わうことによって、いっそう臨機応変に、またより現実的に、問題に耐え、それに取り組むことができるようになるのである。二つは、われわれはクライエントが表出する感情を理解することによって、社会福祉機関を代表する者として彼らの問題を共有し、彼らを強化するために、援助関係を形成することができるということである(2)。

ケースワーカーがクライエントのニーズや感情を認知するという、援助関係を形成する要素は、これまでしばしば「許容」(permissiveness)という言葉で論じられてきた。しかし、この要素を正確に理解するためには、「許容」という言葉をかなり修正しなければならない。そこで、ここではいっそう説明的な言葉ではあるが、「クライエントの感情表現を大切にする」という表現を用いることにする。この言葉は、つぎのように説明することができる。

クライエントの感情表現を大切にするとは、クライエントが彼の感情を、とりわけ否定的感情を自由に表現したいというニードをもっていると、きちんと認識することである。ケースワーカーは、彼らの感情表現を妨げたり、非難するのではなく、彼らの感情表現に援助という目的をもって耳を傾ける必要がある。そして、援助を進める上で有効であると判断するときには、彼らの感情表出を積極的に刺激したり、表現を励ますことが必要である。

ケースワーカーがクライエントの感情表現を大切にするとき、その目的は感情表出それ自体にあるわけではない。援助が目的である。すなわち、クライエントの受けとめて欲しいとか、一人の個人として迎えられたいなどのニードに応えることが目的である。あるいは、クライエントが社会福祉機関に対して具体的な援助を求めるニードに応えたり、クライエントとワーカー間で援助関係を形成したいというニードに応えたりすることも目的となる。さらに、自分自身の問題解決に参加したいというニードに応えることも、その目的となる。

## 社会的問題における情緒的要素

ソーシャル・ケースワークの実践は、あらゆるクライエントがもっている問題やニードは心理・社会的なものであるという基本的な仮説をもっている。つまり、われわれはいかなる問題も、たとえそれが物的援助や有形のサービスを求めている場合でも、そこには深く情緒的要素が関わっていると理解している。

たとえば、S氏が経済的援助を要請しているとする。むろん、彼は経済的に困窮していると主に感じているのだが、その感情はすでに心理・社会的な感情である。すなわち、彼は自分を人生の落伍者であるかのように感じているかもしれないし、友人や親族から軽べつされるのではないかと恐れているかもしれない。あるいは、それ以外の人からも非難されるのではないかと感じているかもしれない。

T夫妻は、彼らの二人の子どもを一時的に施設に預けようと考えている。彼らは施設入所という具体的かつ有形なサービスを求めているのである。しかし、彼らのニードは、住宅事情や夫婦の健康問題あるいは就労問題や夫婦関係の問題から生じているのかもしれない。また、彼らが子どもの施設入所を依頼するにあたり、さまざまな不愉快な感情や内に秘めた感情をもっていると考えてみても不自然ではない。あるいは、彼らは子どもに対する罪悪感を味わっているかもしれないし、子どもを手元で養育できないという挫折感を経験している可能性もある。さらに、彼らが子どもを親戚に預けようとして断られていたとすれば、助けてくれなかった親戚に対して、怒りや恨みの感情をもっているかもしれない。また彼らに親族がいないとすれば、彼らは親族をあてにできず、社会福祉機関にしか頼れないという社会的孤立感を抱いているかもしれない。

むろん、感情の表現様式や強さは、クライエントによって異なる。しかし、いかなるクライエントも自分や他者に対する否定的な感情をもつ点では共通している。これらの否定的な感情は徐々に表現されることもあれば、突発的に表出される場合もある。

援助の初期にケースワーカーは、問題それ自体に対してではなく、問題と深い関わりをもっているクライエント自体に関心を向けるべきである。問題をかかえ援助を求めて来所する人は、問題だけをかかえているわけではなく、それ以外のさまざまな側面をもっているからである。ケースワーカーは、少なくとも、クライエントが彼の問題に対していかなる感情をもっているかに関心を向ける必要がある。むろん、すべての事例がこのような積極的関心・関与を必要とするわけではない。しかし、いかなる事例でもケースワーカーは、各事例の援助目標・目的に応じて、クライエントが自由に感情を表現できる機会を保証し、提供すべきである。

すべての人と同じように、クライエントも生まれながらに社会的な存在である。クライエントは、パーソナリティ全体を社会的に成長させ、発達させるために、他者と関係を形成する必要がある。また彼は、言葉によろうと、意味をもつ身振りや行動によってであろうと、つまり何らかの適切な媒体によって、彼の思考や態度、感情を他者に伝達する必要がある。この自分を表現したいというニードは、人が重大な苦悩や困難をかかえ、その重荷を他者と分かち合いたいと望むとき、とりわけ強くなる。問題をかかえる人が、他者とのコミュニケーションを拒否されるとすれば、何らかのフラストレーションを強く感じ、もともとの問題はいっそう悪化することになるだろう。

クライエントから、恐れ、希望、そして敵意などを表現する機会を奪うとすれば、それはクライエント全体を否定することと同じである。その問題がそのクライエントにとっていかなる意味をもつのか、また彼がその問題をどのように感じているのかは、彼がかかえている問題の重要な一部なのである。ときには、クライエントがかかえている困難な感情自体が彼の問題の中核を形成していることもある。

## 援助という意図をもってクライエントの感情表現を助ける

クライエントの感情表現を大切にすることは、ケースワークが援助という正当な目的を追求する上で役立つはずである。援助におけるそれぞれの面接場面は、何らかの目的をもっている。ただし、面接の目的は、その時によって一つであるかもしれないし、複数であるかもしれない。面接の目的は、クライエントによっても面接場面によっても異なるからである。あるいは、目的が一回の面接のなかで変化することもある。しかし、多くの面接に共通する目的もいくつかある。以下にそれらを挙げることにする。

(1) 面接の目的の一つは、クライエントの緊張や不安を緩和し、クライエントが問題を自分自身でいっそう明瞭かつ客観的に捉えることができるよう援助することである。つまり、われわれがクライエントの感情表現を大切にすることは、クライエントが「うっぷん晴らし」をできるようにするだけではなく、クライエントが自分を解放して積極的かつ建設的な行動を起こすことができるよう援助することでもある。

(2) 面接のもう一つの目的は、われわれがより正確な調査、診断、治療を進めるために、クライエントの問題や人柄をいっそう的確に理解することである。クライエントが表出した感情は、その問題がクライエントにとっていかなる意味をもっているのか、あるいは彼がその問題をどのように感じているかを理解する鍵である。また、クライエントが表現した感情は、クライエントが自分の問題あるいはその問題のある側面に、どの程度の「重み」を感じているかをより深く理解する資源でもある。さらに、それはクライエントの強さや弱さをいっそう適切に評価する上でも助けになる。

(3) クライエントと彼がかかえている問題とのあいだにどのような関係があるかを意識しながら、クライエントの感情に耳を傾けることは、心理的なサポートにもなる。つまり、傾聴という行為に対して、クライエントは、ケースワーカーが現実的な方法で自分の問題を共有しようとしてくれていると感じるものである。そして、彼はケースワーカーが自分の重荷を分かち合ってくれていると感じ、負担を軽減することができるようになる。

(4) 自分や他者に対するクライエントの否定的な感情自体が問題の中核であるとみてよい場合がある。この場合、クライエントは感情を表出することによって、問題解決のつぎの段階へ進むことができる。

(5) もう一つの面接の目的は援助関係を深めることである。ケースワーカーが敏感で正確な診断的な思考をもって援助を進めていけば、クライエントはすぐにでもきわめて個人的な事柄を話しはじめるようになり、話し合いは非常に情緒的な含みを帯びるようになる。そのような場合、ケースワーカーはさらに援助関係をしっかりとつくる必要があるかもしれない。ふつう、しっかりとした援助関係は突然つくられるものではなく、強制されない自然な足取りのなかで形成されるものである。しかし、クライエントが安心して徐々に感情を表出できるようケースワーカーが刺激することが、援助関係の形成を促進するのである。このように考えると、クライエントの感情表出の程度や仕方は、援助関係の形成度合いをはかる一つの尺度であると考えることもできる。

## 援助という意図をもってクライエントの感情表現を制限する

自由連想法はケースワークの技術ではない。ケースワーカーは初回面接のときから、診断的思考と援助計画にもとづいて、クライエントと彼の問題とのあいだの関係に関心をもち、そこに焦点を当てる。つまりケースワーカーの関心は初めから援助という目的に的が絞られている。そして、この関心のもち方、焦点の絞り方が面接を進めてゆく方向を決めるのである。また、クライエントと問題との関係に焦点を絞るとき、援助を建設的に進めるために必要な援助関係における制限を明確にすることもできる。これと同じように、クライエントの感情表現に対しても、各事例の援助目的を達成するために、建設的な方向で制限を設ける必要がある。クライエントの感情表現が「うっぷん晴らし」になってはならないし、援助の目的からそれた感情表現も不適切である。

援助の初期、つまりクライエントの問題の真の姿や援助の目標が明らかになっていない段階では、クライエントの感情表現にあまり制限を加える必要はない。しかし、診断と援助目標がかなり明らかになってくれば、ケースワーカーは長期および短期の援助目標をしっかりと視野に入れ、それらの目標からそれずに面接を進めるべきである。むろん、予期しないテーマが新たに登場するときは、援助目標は柔軟に修正すべきである。しかし、援助関係のなかで、クライエントの感情表出を適切に制限することは、援助面接をしっかりと現実の上に足を踏まえたものにすることなのである。以下に、感情表現を制限する必要がある場合の具体例を若干示すことにしたい。

(1) 社会福祉機関は、クライエントの感情表出を、機関が提供できる援助の範囲内に制限すべきである。たとえば、精神療法を集中的に用いることができない社会福祉機関のケースワーカーは、大変深い情緒的困難を抱えるクライエントが感情を解放するよう励ましてはならない。そのような場合、ケースワーカーは機関が提供できるサービスの範囲と限界を意識した上で、感情表現に対する援助を行なうべきである。また、ケースワーカーには、自分の担当クライエント数の多さと関連して、一人のクライエントにさくことができる時間に限度がある。このような時間的限度も、クライエントの感情表現を制限する一つの要素である。つまり、傾聴する時間が十分確保できないのに、心理的に深い感情の表現を励ましてしまうことは危険である。同じケースワーカーのなかにも、二百人のクライエントを担当している公的扶助機関のワーカーもいれば、わずか二十人のクライエントを担当し、しかも、精神医学のコンサルテーションを受けられるような機関に勤めているワーカーもいる。前者のワーカーがクライエントの感情表現をいたずらに励ますことは賢明ではないが、後者のワーカーであればクライエントの感情表現を十分に励ますことができる。また、当然のことではあるが、前者のワーカーはクライエントを他の適切な社会資源に紹介してもかまわない。

(2) ケースワーカーは、援助の初期の段階で、クライエントが未成熟な状態のまま深い心理的な感情を表出しないよう配慮すべきである。クライエントのなかには、心の奥底にある深い感情を表現する準備ができていないにもかかわらず、それらを多量にまた早まって表出しようとするクライエントがいる。そのような感情表出は、クライエントのなかに不健康で不必要な罪悪感をしばしば残してしまう。そしてそのような感情表現は、援助関係に混乱をもたらしたり、ケースワーカーに対する敵意を生んだりする原因にもなりうる。したがって、とくにインテーク面接を担当するワーカーは、初回面接の目的を意識し、情緒に満ちた感情表現を適切に制限するため、構造化された面接の技法を身につける必要がある。

(3) クライエントの感情表現を大切にする態度の目的の一つは、ケースワーカーがクライエントの重荷を共有することによって、心理的なサポートを提供することである。しかし、ケースワーカーは、クライエントの重荷をすべて背負い込むべきではない。つまり、クライエントが一時的あるいは部分的に、ケースワーカーに依存するためには、何らかの感情をワーカーに表出する必要がある。しかし同時に、ケースワーカーはそれが過度の依存とならないよう注意もしなければならない。

(4)　クライエントがケースワーカーや社会福祉機関に対して敵意を表現することがある。そのような表現は、注目を集めようとするクライエントの不健康な行為であったり、ケースワーカーの態度を試験する行為であったりする場合もある。われわれはそのようなクライエントの行動を理解しようとする必要はある。しかし、それを受けとめるべき場合を除けば、そのような表現を励ましてはならない。

## ケースワーカーの役割

クライエントの感情表現を大切にする上で果たすケースワーカーの役割は、クライエントが気楽に自分の感情を表現できる環境をつくり出すことである。そのような環境をつくる技術は、クライエントから回答や反応を上手に引き出す質問技法より重要である。実際、感情を表現しやすい雰囲気のないところで、質問技法が効果を発揮することは難しい。

感情を表現しやすい雰囲気とは何か。これを正確に述べることは難しい。しかし、この雰囲気を構成するいくつかの要素を明らかにすることはできる。たとえば、クライエントが彼なりのやり方で話ができることがそうである。また、ケースワーカーがクライエントの感情を重視していること、そして感情を表現してもケースワーカーが不愉快な反応を返さないこともそうである。あるいは、ケースワーカーがクライエントの感情を安易に、また非現実的に解釈しないこと、さらにケースワーカーがクライエントの否定的感情の表出を一方的に非難しないことなどもそうである。感情を表現しやすい雰囲気を構成する要素には、クライエントのワーカーに対する信頼と安全感も含まれるし、ケースワーカーのクライエントを受けとめる態度も含まれる。つまり、援助したいというケースワーカーの願望とクライエントがそのようなワーカーの態度に気づくことも重要な要素である。

したがって、援助関係のこのような雰囲気は、ケースワーカーだけがつくり出すものではない。雰囲気をつくる主たる責任はケースワーカーにあるが、クライエントの適切な反応と参加なしにそのような雰囲気は生まれないし、発展することもない。ふつう、クライエントは彼独自のパーソナリティと彼自身や他者に対する態度をケースワークにもち込んで参加する。また、彼が温かい専門的な援助関係に積極的に参加するか否かは、彼が過去に経験した人間関係の質によって影響を受ける。ともかく、いかなるクライエントも、自分の感情を表現する前に、ケースワーカーを試験する期間が必要となるものである。試験のために長い期間を必要とするクライエントもいれば、短くてすむクライエントもいる。あるいは、ケースワーカーがクライエントの試験に合格しないまま、援助が終わってしまう場合もあるだろう。多くのクライエントは、ケースワーカーの態度に安心感をもつようになるまでは、表面的な感情しか表現しないものである。ケースワーカーに対する安心感をなかなかもてないクライエントもいるし、援助関係の初期から豊かに感情表現できるクライエントもいる。しかし、クライエントがどのような反応をみせるとしても、クライエントはワーカーの態度が安心できると確信するまでは、本当の感情を表出することはないものである。ただし、この確信を得るために、非現実的な要求を突きつけるクライエントもいないわけではない。

感情を表現しやすい雰囲気を形成するために必要なもう一つの要素は、真に人を援助したいというケースワーカーの願望である。この願望は、新たに援助関係を形成する初期段階では知的な色彩が強い。つまり初期段階におけるワーカーの願望とは、目の前にいるクライエントを、困難をかかえて援助を求めている一人の人間として認識しようとすることなのである。援助関係が形成されるにつれて、援助したいというワーカーの願望は情緒的な色合いを濃くしてゆく。このときケースワーカーはクライエントと彼の問題を知的および情緒的側面の両方で理解し、クライエントに援助の手を差し出すのである。ただしこのとき、ケースワーカーはクライエントとまったく「同じように」(like) 感じるのではない。むしろ、クライエントと「ともに」(with) 感じるのである。ケースワーカーは援助したいという願望を必ずしも言葉で伝える必要はない。その願望は情緒的な雰囲気によってクライエントに伝わるものである。つまり、その願望をクライエントに伝えようとするとき、どのような言葉で伝えるかが重要なのではなく、温かさやクライエントに対する思いが伝わることが大切なのである。ケースワーカーは、自分の願望を「私はあなたを援助したい」などの言葉で必ずしも表現する必要はない。その願望は情緒のレベルで自然に伝わるものだからである。きわめて重症の精神病者であっても、ケースワーカーの援助したいという願望を受けとめるものである。また、緊張型の統合失調症者であっても、急勢期にはそう受けとめているとは感じにくいものの、回復すると、具合が悪いときに伝えられた援助者の願望は分かっていたと話してくれることがある。

感情を表現しやすい雰囲気をつくる上で、ケースワーカーには何ができるだろうか。もちろん、確実な手段はない。なぜなら、そうした雰囲気をつくり上げる鍵は、ケースワーカーの自己理解、クライエントの潜在能力、目で確かめることのできない援助関係の質などだからである。だが、いくつかの点を示唆することができる。

(1)　クライエントが安心感をもてる雰囲気をつくるためには、ケースワーカーはリラックスしていることが望ましい。リラックスすることは、多忙な日には無理であるかもしれない。しかし、机の上を整理しておくだけでも、緊張を和らげることができるかもしれない。面接を行なう物理的環境も、クライエントとケースワーカーの両者に影響を与えるものである。たとえば、独立した面接室、座り心地の良い椅子、面接が騒音などで邪魔されない環境などは両者にとって助けとなる。また、ケースワーカーの机の位置など、一見取るに足らない条件も、クライエントが安心感をもつ上で助けになりうる。たとえば、机の位置を工夫することによって、クライエントはたえずケースワーカーばかりを見ずに、窓の外の景色や壁にかけられた絵画を見ることができるようになる。

(2) 良いケースワークを行なうためには、面接の度にある程度の準備が必要である。つまり、面接のとき、ケースワーカーの心がつまらぬ細事に支配されていないよう準備を整える必要がある。ケースワーカーは、できる限り細事は心の背後に置いておくべきである。そうすれば、細事に縛られないで観察を行ない、注意深く傾聴し、クライエントとともに考え、見つめ、感じることができるようになる。このような準備は、面接の前に行なうべきである。「一夜づけ」で試験勉強をした学生が、しばしば試験問題を適切に読むことも理解することもできないのと同じように、面接の準備を「にわか仕込み」で行なえば、ケースワーカーはクライエントを十分観察したり、理解したりすることはできないだろう。このような準備を行なうには、時間をうまく使いこなし、時間配分を上手にマネージメントする技術も必要である。

(3) 感情を表現しやすい雰囲気をつくる上で、おそらくもっとも重要な要素は、注意深く、また援助目的を意識して、傾聴するケースワーカーの能力である。ワーカーがすべての注意力をクライエントに注げば、クライエントはワーカーの関心、誠意、理解する力、客観化する能力を感じとるものである。そして、そう感じることにより、クライエントは安心感を高め、感情を表現しやすくなる。ケースワーカーがクライエントにまったく反応を見せなければ、クライエントはそれを無関心と受けとってしまう可能性がある。したがって、ケースワーカーは適切に意見を返したり、質問をはさむなどして、面接に参加すべきである。また、クライエントの話をさえぎるときは、それに先立って、話をさえぎる目的を、自分のなかで十分明確にしておく必要がある。

(4) ケースワーカーが、感情を表現するようクライエントを励ましてみることも必要である。クライエントは、自分を自由に表現してもよいのだと感じるときでさえ、しばしば助けなしには感情を表現しないものである。感情表現をどのように励ますかは、それぞれのワーカーの個人的な感受性や言葉の使い方、技術の問題になる。しかし、励ましは各クライエントの個性に適したものでなければならない。ケースワーカーの内面をどのように行為に表すかということより、内面にある態度自体のほうが重要ではあるのだが、クライエントの感情表現を励ますために道具を使うこともできる。その道具とは、問いかけである。むろん、その問いかけは直接的すぎたり、脅すような質問であってはならない。クライエントが発言した言葉や短い話を繰り返してみるなどの方法である。また、表現された事実に対してではなく、話をしているときのクライエントの感情に関する印象を伝えてみるやり方もある。あるいは、より直接的に感情表現を勧めるやり方もあるだろう。たとえば、人は誰も自分の環境や重要な他者に対して強い両価的感情 (ambivalent feeling) をもつものであり、援助関係のなかではそれらを自由に表現してかまわないと伝えてみるなどの方法もある。

(5) クライエントが望む援助目標に向かって援助を進めていく速度を、面接のたびに感じ取ることも大変重要である。クライエントが自分の問題をどのくらい早く解決しようと望んでいるかによって、感情を表現するクライエントのニードの強さも異なる。したがって、ケースワーカーは、彼が望む早さやテンポを確実に把握していないと、クライエントの感情表現を早めたり、遅くしたりするかたちで、クライエントに影響を与える可能性がある。感情表現を不適切に早めても、遅らせても、それは援助関係にとって有害である。

(6) 非現実的なぐさめ、早すぎる解釈、あるいは解釈のしすぎも、クライエントの感情表出の妨げになる。これらの行為は、クライエントに過剰同一視する傾向の強いケースワーカーの落とし穴である。この傾向をもつケースワーカーは、クライエントの不安を過大評価したり、不安耐性を過小評価したりする可能性がある。また、この傾向をもつワーカーは、クライエントの不安を除去しようと誤った方向に突進してしまう恐れもある。そのような突進は、クライエントが不安を克服する唯一の効果的方法であるかもしれない感情表出を、結局は妨害してしまうことになる。

## クライエントの感情表現は調査、診断および治療を助ける

感情は事実である。人が彼自身や彼の人間関係、あるいは彼の問題に対してどのような感情をもっているかは、少なくともその情況に関する客観的事実と同じように、ケースワークにおける調査の重要な部分である。クライエントが彼の問題をいかに感じているかを知る最良の源泉は、クライエント自身である。今日、多くの社会福祉機関におけるケースワーク実践は、クライエントの周辺に

ある情報はあまり活用せずに、クライエント自身が目的をもって自発的に発信した情報を利用する方向に向かっている。クライエントが彼の問題をどのように感じているかを語ることができるのは、他の誰でもなく、クライエント自身である。つまり、彼自身が味わっている経験がいかなる意味をもっているかを表現できるのは彼自身である。また彼の話は、彼自身の経験の歴史に関する、最初の、そしてもっとも重要な証言である。つまり、クライエントが自分の問題について、彼が感じるままに話すことができると感じられる面接のなかで、ケースワーカーが受信した情報は、診断をかたちづくり、クライエントの情況を理解する過程を先へ進めてくれる貴重なデータなのである。

クライエントが面接のなかで、彼なりの仕方や方法で話してもよいのだと感じ、自分の感情を表出できるようになると、ケースワーカーは調査を先へ進めるきわめて貴重な材料を獲得することになる。身ぶり、微笑み、それ以外の顔の表情、あるいは姿勢、身体の動きなども、言葉による表現と同様に、貴重な情報源である。これらのどの情報も、クライエントの真の感情や彼のパーソナリティの反応傾向、そして防衛機制の特徴を解明する手がかりになる。

クライエントが何らかの感情を解放しないうちは、われわれが問題の真の姿を知ることは不可能に近いし、クライエントが問題解決に向けて歩みを進めることもないだろう。クライエントが感情を表出し、感情を解放することが許されなければ、彼は自分の問題を明瞭に捉えることもできないだろう。そして、彼が彼自身を明瞭な絵にしてケースワーカーに示すこともできないだろう。多くの場合、クライエントは問題に深く巻き込まれ、混乱しているため、彼が何らかの感情を解放するまでは、彼自身の手で自分の問題を明らかな姿で捉えることはできないのである。この場合、クライエントは身動きを難しくしている圧力から解放されるため、十分な感情の表出ないし解放を必要としている。

クライエントの感情表出は、われわれが診断を進める際の助けにもなる。診断は精密なものでなければならないし、ときには診断の追加も修正も必要である。しかし、ケースワーカーは援助の開始と同時に、問題の本質について、いくつかの概念を組み立てはじめなければならない。このような概念の構成は、人間についての一般的知識と援助関係において自分自身について語るクライエントに関する知識をもとに進めるしかない。クライエントに関する知識とは、クライエントの人生や問題に対する反応の仕方の特徴、クライエント自身や他者への態度の傾向、また問題解決に取り組んできたそれまでの歴史の特徴、クライエントがそれまでに経験してきた人間関係の質や深さ、あるいは変化しようとする動機の特徴、問題を解決しようとする対策の内容、さらに問題解決に対するクライエントの潜在能力の程度などである。

また、診断は、表出を制限したほうがよいクライエントの感情の危険な領域を判断する指針にもなる。たとえば、精神病と診断されたクライエントの感情を解放することは禁忌である。同様に、幼少期の抑圧した経験に関する感情をもった神経症者に感情を表出させることも危険である。いずれの場合も、ケースワーカーにもクライエントにも、対処することのできないクライエントの過去の領域を安易に引き出してしまう恐れがある。診断は、クライエントの混乱した感情が最近の経験に由来するのか、遠い過去の経験と関連しているのかを明らかにしてくれるだろう。一般に、かなり最近の経験に関する感情ほど、それを表出する効果は高い。そして、過去の体験に起因する感情であれば、表出の効果はあまり期待できないし、それは危険でさえある。このような場合、精神科医のコンサルテーションを求めるべきであろう。

一般的にいって、ケースワークにおける調査、診断、そして治療の過程は、クライエントがケースワークに参加しはじめるときから開始すると考えられている。しかし、厳密な意味での治療は、援助関係があるところまで深まらなければ始まらない。とくに、クライエントの問題が主として情緒的なものである場合はそうである。つまり、クライエントによって表出される感情の量や内容、あるいは時期は、そのときの援助関係の深さと信頼度を測る尺度でもある。

それゆえ、ケースワーカーが援助という目的をもってクライエントの感情表現を大切にすることは治療行為である。多くの人は、共感できる友人に強い混乱した感情を話した後、感情が解放される経験をしたことがあるはずである。この種の感情の解放は、それだけで、あるいは他の援助と結合することによって、治療的な役割を果たす。感情表出はカタルシス効果をもつばかりでなく、感情を抑圧してしまう危険から人を守るのである。

このような感情の解放は、しばしば盲点を取り除き、クライエントが自分で問題をいっそう客観的に把握する過程を助け、解決への歩みを進める効果をもっている。クライエントの心からいくらかの障害や抑制が取り除かれ、彼は自らより明瞭に考え、いっそう正確な推論を行ない、さらにより確実な行動を取るようになる。ふつう、クライエントの問題は知識の不足にあるのではなく、感情の表出が制限されている情況こそが問題なのである。

クライエントは感情表現ができるようになると、面接のなかでケースワーカーと議論ができるようになる。ケースワーカーは、援助を求めるクライエントの気持ちのなかにどのような感情が存在しているかを、クライエントの感情表現が行なわれる前に感知することもある。しかしケースワーカーは、クライエントが自由であると感じられるようにならなければ、それらの感情を議論したり、援助したりすることはできない。一度クライエントが感情を表現しはじめれば、その後どのように援助を進めたらよいかという道筋が見えてくる。

結局、感情表出は、クライエントが彼の問題を自ら解決する原動力であるといってよい。クライエントが感情表現を許されず、ケースワーカーの感情と解決策だけを押しつけられるとすれば、彼は自ら問題に取り組むことができない。このような援助は、望ましくない二つの結果のどちらかを招くだけである。すなわち、相談の中断を招くか、クライエントの過依存をつくり上げるかである。クライエントが自ら自分のいかなる変化にも、感情にも、きちんと責任をもつことこそ、治療である。それゆえ、ケースワーカーがクライエントの敵意や否定的感情をしっかりと受けとめる態度は、クライエントが自分を一人の個人として、また価値のある人間として感じられるようになる基礎である。この体験が、クライエントが自ら変化をなし遂げ、問題を解決しようとする最初の動機となるのである。

原則3

# 援助者は自分の感情を自覚して吟味する（統制された情緒的関与）

いかなるコミュニケーションも、人が互いに何かを伝え合うやりとりによって成立するものである。つまり、人が他者に話しかけるとき、彼は、相手に何らかのかたちで反応を伝え返してもらうことを期待している。したがって、ある人の話しかけに対して、相手の反応が沈黙であるとすれば、それはその相手が、話しかけている人や会話に対して無関心であることを示している可能性がある。

ところでこのようなコミュニケーションは、人が相手にどのような反応を期待するかによって、その性質が異なる。一般にコミュニケーションがもつ性質は三つに分けて考えることができる。すなわち、概念や知識だけのやりとり、そして感情を伝え合うコミュニケーション、さらに知識と感情の両者が行き来するやりとりである。たとえば、ある人が鉄道の駅事務室にゆき、駅員にニューヨーク行きの次の列車の時間を尋ねるとき、彼は知識だけを求めている。つまり、彼は列車に関する情報を求めているだけであり、相手が情報を教えてくれるという反応しか期待していない。しかし、ある成人した女性が自分の母親の通夜の席で親族に、「母が亡くなった事実を受け入れることはとても難しい」と話しかけるとき、彼女は主に感情を伝えている。この場合、相手も感情をもって反応することが適切であろう。ケースワークの面接でもっとも頻繁に行なわれるコミュニケーションは、思考と感情の両者を組み合わせたやりとりである。そして、そのような援助におけるコミュニケーションは、多くの事柄によって規定される。多くの事柄とは、たとえばクライエントのかかえている問題の性質、社会福祉機関がもっている機能の特徴、援助に対するクライエントのニーズや感情、面接におけるクライエントの変化、そして調査、診断、治療という連続する過程においてケースワーカーがもつ援助目標などである。

たとえば、公的扶助の受給が得られるよう援助する際、ケースワーカーはクライエントの生活状況をある程度確認する必要がある。そして、面接で生活状況を調査する際、そのやりとりは公的扶助の概念や思想、またクライエントの生活の事実に関する内容が多くなるはずである。しかし、そのときでも、ケースワーカーはクライエントの感情に敏感でなければならない。

ブラウン夫人が、深刻な行動障害をもつ八歳の娘をつれて児童相談所を訪れた。そして、ケースワーカーにこう訴えた。「娘の問題は私に責任があります。生まれたばかりのころ、この娘はもの静かな良い子でした。とても可愛い子でした。ところが、今の娘の姿を見てください。娘をこんなふうにひどい状態にしたのは、私が母親としていたらなかったからです」。このとき、ブラウン夫人は意見をのべているのではない。また、情報を得ようとしているのでもない。彼女は深刻な心の痛みを発信しているのである。

ケースワーカーは、感情と思考の両面でコミュニケーションを行なう技術を身につける必要がある。コミュニケーションの内容が、事実に関するやりとりが中心である場合、ケースワーカーは有効な援助を展開するために、所属する社会福祉機関の機能の特徴や方針、あるいは援助を申請するための手続きの詳細、そしてその地域に存在する社会資源を熟知している必要がある。またコミュニケーションの内容の一部、あるいはほとんどが感情のやりとりである場合には、ケースワーカーはクライエントの感情に適切に反応する技術を用いなければならない。ケースワーカーが、クライエントやワーカー自身の感情に適切に反応する技術は、ケースワークのなかでもっとも難しい技術の一つである。

この章では、ケースワーカーが自分の感情を自覚して吟味するという援助原則を考察してゆく。そして、その際、この原則を援助関係を形成する一つの要素として論じてゆくことにする。この原則に関しては、精神療法などの領域でも広く議論が行なわれているが、本章では、それらの広範な議論には触れないことにする。

この原則の意味するところは、以下のように、簡潔に記述することができる。

ケースワーカーが自分の感情を自覚して吟味するとは、まずはクライエントの感情に対する感受性をもち、クライエントの感情を理解することである。そして、ケースワーカーが援助という目的を意識しながら、クライエントの感情に、適切なかたちで反応することである。

つまり、ケースワーカーが自分の感情を自覚して吟味するという援助原則は、感受性、理解、そして反応という三つの要素から構成されている。これらの要素は、実際には、互いに密接に関連しているものである。しかし、それぞれの要素を分析するために、以下では、それらを分けて論じることにしたい。

## 感受性

ケースワーカーの感受性とは、クライエントの感情を観察し、傾聴することである。しばしば、クライエントは彼らの感情を言葉で表現できなかったり、しなかったりする。このような事態は、クライエントがケースワーカーに十分な安心感をもっていない援助の初期に起きやすい。しかし、このような感情表出の抑制が、クライエントのもつ文化やパーソナリティの特徴によって起きる場合もある。あるいは、クライエントの感情が大変深い場合には、一時的にせよ、感情表出が不可能である場合もある。しかし、クライエントが言葉によって感情を表現しない場合でも、彼らはわれわれの目に見える、あるいは耳に聴こえる、さまざまなかたちで感情を表出しているものである。たとえば、話し方のスピードの遅さ、ためらいがちな話し方、あるいは早口なども、何らかの感情を伝えている可能性がある。また、クライエントの表情、姿勢、服装、手の動かし方なども、何らかの感情を表現している。これらはいずれも、われわれがクライエントの感情を感受する糸口であり、手がかりである。

つぎに示すガルシア家の事例は、ケースワーカーがクライエントの言葉によらない感情表現に対して、どのように感受性を働かせたかをよく説明している。(1) 一般に、初回面接では、抑制された感情は言葉ではなく、目に見えるかたちで表現されることが多い。新人のワーカーでも、それらを観察することは可能である。

ガルシア夫人は魅力的な女性であった。しかし面接室に入り、ソファーに腰をおろしたとき、顔色が青ざめているように感じられた。ケースワーカーはまず、公的扶助の申請について相談するために彼女に来所してもらったこと、また夫のガルシア氏がすでに一度来所しているので、一家の事情を多少理解していることを彼女に伝えた。しかし彼女は座りながら、セーターのボタンをはめたり、はずしたりしていた。その様子は、彼女の緊張や不安を表現していた。

まもなく夫のガルシア氏が遅れて入室してきた。体格のがっしりした中背の男性である。彼は立ったまま、自己紹介をすませた。しかし大変緊張した様子で、椅子に腰掛けようとはしなかった。またそのとき彼の話し方には独特のアクセントがあり、上手に話をすることもできないようだった。ケースワーカーは、彼が前回来所した金曜日、そのあとで彼の家庭を訪問したことを伝えた。彼はあわてて、そのときは就職相談に出かけて留守にしていたと答えた。ガルシア夫人も、夫の行動はそのとおりであったと話した。ただしガルシア氏はそう答えるとき、声を大きくし、手ぶりのジェスチャーまで加えた。そして答え終わると、ため息をつきながら椅子に座った。そのときガルシア夫人は、座り込んだ夫のほうをふり向き、にっこりと微笑みかけた。

この記録には、ケースワーカーがガルシア夫妻の不安と緊張を観察した様子が記されている。たとえば、ガルシア夫人の「ボタンをはめたり、はずしたりする」緊張した不安そうな行動が、彼女のそのときの感情を理解する手がかりであった。またガルシア氏の「大きな声」や「ジェスチャー」は、彼が就職相談に出かけ、そこで不愉快な思いを味わっただろうことを示唆している。あるいは、彼の「ため息」は、ケースワーカーとの面接に対して、何らかの強い感情をもっていることを表現している。さらに、ガルシア夫人が座った夫に向かって微笑んだ様子は、ガルシア夫妻の関係を理解する大きな手がかりにもなった。ケースワーカーは、このような行動や話し方を観察することによって、言葉では表現されないガルシア夫妻の感情を感知したのである。

つぎに示すブルースター家の援助記録の抜粋は、より複雑な相談場面においていかにケースワーカーが感受性を働かせたかをよく説明している。(2) この事例は、十六歳の娘ルイスをバーウィック・

ホールという寄宿舎に預けることに関する相談から始まった。ルイスと父親そして継母との合同面接のなかで、ケースワーカーはこの家族の人間関係に困難が生じていることを感知し、それを記録に残している。

ルイスは、女性用トイレはどこにあるのかと尋ねながら、はあはあと息を切らし、青白い顔で現れた。そして、吐き気がして具合が悪いと訴えた。彼女は、疲れと嫌なことばかりが重なったせいで、具合が悪くなったと考えているようだった。やがて、ルイスは面接室に入り、両親とならんで椅子に腰をおろした。着席すると、彼女は継母にだけ話しかけ、父親を無視した。彼女は継母に、田舎の店で卵とバターをまけさせて買った話などを報告して、親しそうな態度を示した。面接が始まった。しかし三人ともどのように会話を始めたらよいか戸惑っているようだった。そこで、私がバーウィック・ホールへの入寮計画を説明することにした。ルイスは、この計画を十分に理解してはいなかったが、入寮を承諾していた。彼女は、ともかく父親や継母と離れて暮らしたい、そのためなら何でもするという感じであった。私が入寮について説明している間、父親はルイスに関する重荷を私に背負わせようとしていた。そして彼は、ルイスには規則正しい生活が必要であり、彼女のこれまでの行動を見ていると、これまでと同じやり方で、安易に切り抜けるのはいけないと話しはじめた。ルイスは、父親の話に何の反応も見せなかったし、父親を見ることさえなかった。継母はこのことについて静観していたが、ルイスが入寮計画を本当に納得しているのかを心配し、彼女の希望が何より大切だと思うとのべた。

ついで、父親がルイスに、入寮したら父親の言った忠告に留意し、それをきちんと守らなければならないと話しはじめた。彼はまた、ルイスが本当の気持ちを話すよう促した。このときだけ、ルイスは防衛的な態度で父親を眺めていた。さらに、ルイスは自分の都合のいいように、父親にいい加減なでまかせを言った。が、すべては真実ではなかった。このとき、私は、父親が話をつづけながら、彼かルイスのいずれかの立場に立たざるを得ないように仕向けていると思った。私は誰か一人だけの味方になるべきではないと考えた。この状態でいるよりも、むしろ、しばらく彼らだけで話したほうがいいかもしれないと提案した。父親は、その必要はなく、彼らが話すべきことは何でも私の前で発言できるとのべた。

しかし私は十五分間だけ面接室から退出し、彼らだけで話し合ってもらうことにした。十五分して私が面接室に戻ると、ルイスは泣いていた。両親が彼女を手助けしたいと思っているとルイスに伝え、父親は、彼女がどのように振舞わなければいけないかについて説教していた。

このケースワーカーは、ルイスが面接に到着したときに、彼女が息を切らし、青白い表情で、女性用トイレを探した様子を観察することによって、彼女の感情をかなり感知した。つまりワーカーは、彼女が面接にやってくる途中で吐き気をもよおし、具合が悪くなるほど面接を恐れていると理解した。またワーカーは、ルイスの継母に対する様子を観察し、彼女が、継母には親しみの感情をもっていると考えた。さらに、ルイスが父親に嫌悪感をもっていることは、痛いほど明らかであった。彼女は、父親が彼女の嘘について説教をしはじめたとき、身構えて一瞬父親を見た以外は父親を見ることもなかったし、話しかけることもなかった。一方、父親の感情は、ルイスが従順で真面目な娘にならなければならないと繰り返し説教していた行動に現れていた。ケースワーカーはこのような観察を進めることによって、援助計画の重要な一部である、家族関係に関しての仮の評価を行なうことができたのである。これ以降面接を継続するなかで、この評価は確定するか、あるいは修正されることになるだろう。

クライエントが、援助の初期から感情を明確な言葉で表現することもある。以下に示すサンカ家の事例では、サンカ夫人が初めからきわめて率直に感情を語っている。[3]

面接室に入室するや否や、サンカ夫人は気持ちが混乱していると訴えはじめた。私は、彼女が何を悩んでいるのかを尋ねた。彼女は分からないと答えたが、すべての面でかなり興奮していることには気がついていた。私は、彼女の胸のうちを具体的に話せないかと尋ねてみた。すると彼女は、今混乱しているのは、これまでいろいろな難題を経験し、それが積み重なったことが原因だと思うと答えた。結婚以来、彼女と夫のあいだには一つの重大な問題がずっとあったという。そして、その問題がやっと落ち着いたとたん、反動が来たように混乱しはじめたのだという。

つづいて彼女は、落ち込んだ様子で、この一週間仕事がまったく手につかず、気分も良くないと訴えた。私は、今の状態は明らかにこれまで悩んできたことの蓄積によるものであり、したがって、すぐさま以前のように元気になるには時間がかかるだろうが、すぐに回復しないからといって、気を落とすことはないと伝えた。サンカ夫人は手で頭をかかえながら、「なぜ、こんなに混乱しているのか、さっぱり検討がつかない」と述べた。私は、彼女がいつごろから、それほど混乱しはじめたのかを尋ねた。彼女に分かっていたことは、子どもたちが彼女を憂鬱にしたこと、またいつも仕事に追いかけられ、仕事が片づいたと感じられることがないことなどを話し、これらが彼女をあらゆる面で緊張させているのではないかと語った。ついで、私は一日中緊張しているのかと尋ねた。彼女は、再び手で頭をかかえながら、「いいえ、そんなこと分かりません。夜も眠れないし、人が喧嘩をしている夢をみて目が覚め、混乱してしまうのです」と話した。隣の家の喧嘩も彼女を悩ませていたようであった。喧嘩の声が聞こえてくると、じっとしていられず、うずくまっているしかないとのことだった。

サンカ夫人が混乱や抑うつ状態を表現した言葉は、彼女の気持ちをよく表していた。たしかに、彼女の生活に関する情報は、曖昧で不明確であった。しかし、彼女の感情表出の調子それ自体が情報である。このような感情表現の調子は、クライエントの感情を感知する糸口であり、この糸口を大切にし、さらに多くの判断材料を加えて診断を進めることにより、これ以降の面接を進めてゆくことができる。

ケースワーカーがクライエントの感情をきちんと感受するためには、さまざまな努力が必要である。感情を感知するには、まずクライエントの人生においてさまざまな感情がきわめて重要な意味をもっているという確信を育てる必要がある。この確信は実践を継続し、スーパービジョンを活用し、さらに自己研修に励みながら、ワーカーが自分の実践経験全体をきちんと吟味することによって発達するものである。他の援助技術と同じように、クライエントの感情を感受する技術もゆっくりと単純なものから複雑なものへ発展してゆく。

ケースワーカーの自己研修とは、ワーカーが自分のもっているさまざまなニーズや感情を自覚することである。この自覚を蓄積することによって、ワーカー自身のニーズや感情がクライエントの感情を感知する仕事を妨害しないようにすることができるようになる。つまりケースワーカーは、面接のなかでクライエントの感情表現に対して「耳が聴こえなく」なったり、「目が見えなく」なったりしないために、まずは自分自身のニーズや感情がもっている傾向を自覚しておく必要がある。具体的には、それは、担当する事例の量や人数を調整することを意味する。煩雑な関係が最小限になることで、ケースワーカーは、十分にリラックスして傾聴することができる。

## 理解

援助の専門家として、われわれがクライエントの感情を理解しようとするとき、われわれはその感情をクライエントと彼の問題との関連性のなかで理解する必要がある。またケースワーカーは、クライエントに感情表現を促すとき、ワーカー自身が今何をしようとしているのか、ワーカー自身に何が起きているのか、さらにクライエントに感情表現を促すというワーカーの働きかけが援助目標に対してどのような意味をもっているのかなどを検討しておく必要がある。ところで、クライエントの感情を理解する作業は継続する過程である。つまり理解は、面接を重ねるたびに深まり、成長すべきものである。多くの場合、ケースワーカーは、面接のたびに部分的な理解を得て一時的に満足し、さらにより深い理解を求めようと努力する。

クライエントの感情がいかなる意味をもつかを理解するためには、人間行動に関する知識が不可欠である。そのような知識は、心理学や精神医学またそれ以外の社会科学の知見を学んだり、ワーカー自身の人生経験や実践体験を吟味したりする方法によって、獲得することができる。つまり、そのような知識とは、人間に共通するニーズを理解し、またストレスにさらされるときに人間が採用する反応や防衛機制のパターンを理解することである。このような知識の総体が、それぞれに個別的で独自の性質をもつクライエントをより深く理解し、援助する作業を支える枠組みとなる。そしてこの枠組みは、クライエントのもつ感情の意味を理解する際にも助けになるものである。ある人にとっては不幸な体験でも、それは他の人にとってはまったく違う反応となったり、異なるさまざまな感情となることもある。つまり、ケースワーカーは、クライエントの感情がクライエントにとってどのような意味をもつかを理解しなければ、適切に援助を進めることはできないのである。

クライエントを個人として捉えるという援助原則も、クライエントの感情を彼の環境条件との関連で理解する上で助けになる。

個々のケースワーカーは、クライエントの感情を理解する技術を発達させるために、それぞれに工夫や努力を行なう必要がある。たとえば、スーパービジョンや精神科医のコンサルテーションを活用することも一つの努力である。スーパービジョンなどは、ケースワーカーがクライエントの感情をさまざまな角度から推測できるようになるための訓練である。クライエントの感情表現についてさまざまな意味や仮説をもとうとすることは、事例についてその変化を検証することと、定期的な評価を行なうことと同様に貴重な手段である。しかし、スーパービジョンなどの訓練も、クライエントの感情を理解する技術を発達させる上で、きわめて価値の高い手段である。

ブルースター家の援助を担当したケースワーカーは、初回面接のなかでルイスが表現した感情をどのように理解したかを、以下のように手短に記述している。ルイスは、寄宿舎への入寮計画が進行するなか、表面的には、父親には強い否定的な感情を表現し、一方自分を見捨てた生みの母親には愛情を求めていた。しかし、ルイスの真の感情はこれとはまったく逆であった。


私はこの面接で、ルイスが両親から離れて自立しようとしたり、彼女の置かれた状況をまったく合理的に議論しようとしている姿を観て、それはむしろ彼女が孤独で深く傷ついているために、他者へ依存したいという願望を自ら抑制している姿ではないかと感じられた。そして、彼女の父親に対する強い敵意は、むしろ父親に愛されたいという気持ちの裏返しではないかとも感じられた。また、ルイスは実際には、彼女を見捨てた生みの母親に敵意をもっているが、それを抑制しているために、敵意を愛着心に変換して表現しているのではないかとも感じられた。したがって、私は、ルイスが自らこれらの感情を見つめて整理するまでは、彼女が里親家庭でケアを受けるなどの援助計画は適切ではないと感じた。現在の彼女は、自分らしく生きていないのである。したがって、現在は、仲間などといっしょに集団でケアを受けることができる施設、たとえば児童相談所付属の入所施設などを一時的に利用することが適切ではないかと考えた。

このケースワーカーは、明らかにルイスの本当の問題が彼女の両親に対する感情に存在していることを感知している。また、このワーカーは、彼女がケースワーク援助を通して、それらの感情を解放する必要があることも理解している。この少女と両親との関係がきわめて深刻な情況にあることは、彼女の孤独感と依存性の強さが示していたが、彼女は見せかけの自立と自己満足によって、それを隠そうとしていたのである。彼女は父親に敵意を表現したが、おそらく他方では、父親への強い愛着心ももっていたはずである。また、彼女は生みの母親に対する愛情を表現してはいたが、他方では母親に対して深い敵意ももっていたと想像される。援助が進むにつれて、ワーカーのこれらの印象は確かめられていった。もしこのとき、ケースワーカーがルイスの感情表現の本当の意味を理解していなかったら（実際には、言葉通りの表面的な意味とはまったく正反対であったので）、彼女の援助を有効に行なえなかったはずだ。そして、ワーカーは彼女の感情に対して誤って反応したり、非現実的な援助関係を形成することになったはずである。

その後、ケースワーカーは、一時的に入所施設を利用したルイスと、週一回の面接を三カ月間継続している。そして、ワーカーは面接のたびに、この事例をスタッフの事例検討会に提出している。以下の抜粋には、ケースワーカーが事例検討の機会を通して、クライエントの感情の意味をいっそう理解していった様子が示されている。またこの抜粋は、事例検討において深められた理解が、援助関係をいっそう深めたり、援助目標を絞り込む上でも助けになったことを示している。

事例検討では、まず一時入所施設の職員たちが、ルイスは十分に統合された健康な自我をもっていると判断できると報告した。また、彼らは、ルイスの感情抑制の程度がどのくらい強いのかにも関心をもったが、彼女の感情抑制は他者から見ても分かるほど明らかなものであるため、それほど深刻なものではないと推測できるとのべた。そして、ルイスの抑制された感情は、担当のケースワーカーが彼女を受けとめることによって、やがて表出されはじめるだろうという意見ものべた。さらに彼らは、ケースワーカーがルイスとの親しい関係を継続し、そのなかで、ルイスが自分の過去をふり返って検討したり、現在や将来の人生に対する関心を高めたりする機会が提供されることが望ましいこと、また現在ケースワーカーとルイスは友人のような関係を形成しているが、ルイスが母親に対する感情をすでに少しずつワーカーに転移して表現しはじめていることも指摘した。一方、精神科医は、ルイスは担当ワーカーとの援助関係を深く形成するにつれて、今後さまざまな問題を自ら検討して、整理してゆくだろうとのべた。また、精神科医は、ルイスが里親のケアを受け入れられない理由は、彼女が里親から拒絶された経験をもつためばかりでなく、生みの母親から見捨てられたという感情も複雑に絡みあっているためだろうと指摘し、したがって現在の彼女は、里親家庭でのケアという援助計画は受け入れないだろうとものべた。これ以降、事例検討では、Y家という里親にルイスのケアを委託すべきか、バーウィック・ホールという寄宿舎を選択すべきかが議論された。しかし、Y家はルイスに、現在以上に大人として行動するように要求するだろうから、バーウィック・ホールへの入寮のほうが適切ではないかという意見が多く聞かれた。つまり、現在の援助目標は、ルイスが無理に背伸びして大人の役割をこなすことではなく、彼女が、十七歳の少女らしいありのままのルイスとして行動するのを励ますことであるという意見が多くを占めた。彼女の生みの親への反感を性急に扱わないほうがよいと思われた。なぜなら、ワーカーが父親側に味方し、ルイスをワーカーと対立させてしまうことになると思われたからである。今の情況で、母親に対する感情を扱うことは、ワーカーが父親の味方であると、ルイスに感じさせる危険が高いというのが、その理由であった。最後に、精神科医が、ルイスは可能であれば、いずれ大学に進学するよう励ましても良いのではないかとのべた。彼女には、奨学金などを得て進学する適性があるというのが精神科医の判断であった。

担当ケースワーカーは、このような事例検討を通して、それまでの面接で絞り込んだ推測と仮説を確認することができている。またこの事例検討では、今後の面接の進め方についても、二つの方向が示唆された。すなわち、①ひき続きルイスを受けとめ、彼女が抑制してきた両親に対する感情を表出するよう励ますこと。また、②しばらくは友人のような援助関係を継続するとしても、やがてルイスが母親に対する感情を自覚して整理できるような援助関係を、意識して形成してゆくことである。事例検討ではルイスが十分に統合された健康な自我をもち、大学教育を受ける適性をもっているなど、彼女の健康さについても総合的な確認が行なわれている。

## 反応

われわれは、クライエントの感情表現に対して感受性を働かせ、それを理解するだけでは不十分である。つまり、感受性と理解は、ケースワーカーがクライエントの感情表現に適切に反応するための手段なのである。ケースワーカーがクライエントの感情に対していかに反応するかは、援助関係におけるもっとも重要な心理的要素であり、おそらくこれがケースワークにおけるもっとも難しい技術である。新人のケースワーカーはこの技術をもっとも苦手とするだろう。また、ベテランのケースワーカーも、この技術ではしばしば迷い、当惑することが多い。なぜなら、ケースワーカーの適切な反応の仕方は多様であり、クライエントによって、あるいは一回の面接のなかでも、適切な反応の仕方や内容をつねに判断して選択しなければならないからである。

ここで強調したいことは、ケースワーカーは必ずしもつねに言葉によって反応する必要はないということである。要するに、反応は知識と援助目的に沿って、態度と感情によって伝わればよい。あるいは、ケースワーカーの反応はあくまでもワーカーの内面における反応であり、ワーカーの内面で、援助という目的に沿って、クライエントの感情をきちんと見極める作業が行なわれていればよいということである。つまり、ワーカーがクライエントの感情表現に反応するとは、援助という責任を意識して、クライエントと感情を共にすることである。ワーカーの反応は、たとえば一人の親戚が別の親族の悲しみを共有するという反応とは異なり、温かい人間味のある専門家として、すぐれた感受性をもって、クライエントの感情を分かち合うことである。

すでにのべたように、ケースワーカーの反応は主として内的なものである。しかしワーカーの内的反応は、言葉や顔の表情、話し方の調子、あるいは行動などの外的表出によって、クライエントに伝わるものでもある。外的表出の形態が重要といっているのではない。何らかの反応がクライエントに伝わることが重要である。クライエントは、自分の感情表出に対して、ケースワーカーが何らかのかたちで反応をすることを求めているからである。ケースワーカーがクライエントの感情に対して内面で適切に反応していれば、自ずとその外的表出にも十分な配慮が払われるものである。それゆえ、われわれは、クライエントの感情に適切に反応する技術を高めるために、それを外的に表現する方法に関心を向けるのではなく、ワーカー自身の内的感情をどのように成熟させるかという点に多くの注意をはらうべきである。ケースワーカーの反応は、それがワーカーの「心のなか」をきちんと通過したときにだけ意味をもつものである。「あなたの気持ちはよく分かる」とか「きっとつらいよね」などの言葉は、それがワーカーの心をきちんと通過したものでなければ効果はない。クライエントは、心を通過しないワーカーの言葉を見抜くものである。

ある面接の特定の場面で、ケースワーカーが内的反応を、クライエントに言葉で表現すべきか否かを判断する際の判断の仕方はつねに同じではない。その事例の個別性やケースワーカーの個性によって、判断の仕方は異なるからである。つまり、その判断を一般化して論ずることはできない。経験豊かなケースワーカーは、ときには何も言葉にしなくてよい場合があることを知っているし、ワーカーの内的感情や態度のもち方によって、クライエントがワーカーの内的反応を確実に感じとることも理解している。ときには、ケースワーカーが内的反応を言葉で表現すべきか否かを、ワーカーの訓練された直感だけに頼って判断するしかないという場合もある。ワーカーが内的反応を口に出して表現した場合とそうでなかった場合などの経験を、つねに回顧して検討することが、この直感を訓練する一つの方法である。

クライエントの感情表現に対して、ケースワーカーが内的反応を言葉で伝える場合には、それを伝える目的とどのような言葉を選ぶかを吟味することが重要である。もちろん、クライエントの感情表出に対して、内的反応をつねに言葉で伝え返す必要があるわけではない。ワーカーが内的な反応を言葉にして伝え返す場合には、その事例の総合的な援助目標や、その面接の目標、また反応を言葉で伝えるという行為の目標を検討し、吟味する必要がある。

ワーカーが内的反応を言葉で伝え返す際、その当面の目的は、ワーカーがクライエントを受けとめようとしている態度と、傾聴してクライエントの困難を理解しようとしている態度を伝え、クライエントを心理的にサポートすることであろう。また、当面の目的は、クライエントの安全感を強化して、クライエントの感情表現をいっそう容易にすることであるかもしれない。あるいは、クライエントが徐々に深い感情を表出できるよう援助したり、いっそう多くの感情を表現できるよう励ますことが、当面の目的になる場合もあるだろう。ただし、クライエントが表出する感情が心理的に大変深く、しかもその感情表出の仕方が未成熟であったり、ケースワーク援助の範囲を超えるものであったりする場合には、ワーカーが反応する目的は逆になる。つまりこの場合には、感情が不必要に深くなりすぎぬようクライエントを守ること、あるいは表出された感情にだけ焦点を当てるようクライエントを援助することなどが、ワーカーの反応の目的になる。ワーカーが内的反応を言葉で伝え返すもう一つの目的は、ワーカーが自分の感情を明確化することである。ケースワーカーが当面の目的をどのように設定しようとも(目的はいくらでも考えられるが)、ワーカーは決まり切った仕方で反応すればよいというものではない。ワーカーが反応する際には、反応する目的をきちんと意識した上で、その目的と反応の仕方とを一致させるよう慎重に対応しなければならない。むろん、ケースワーカーが反応する目的を漠然としか意識できず、直感に頼って反応しなければならない場合もないわけではない。

## 反応の実例

三十六歳になるサンカ夫人は、ケースワーカーに援助を求めていた。彼女は、夫や五歳の娘との関係から派生した健康問題に関する神経症的な症状を訴えていた。たとえば、彼女は初回面接で、「心が緊張の連続で」「すっかり混乱し」不眠が続いていると、大変感情的に訴えた。また、サンカ夫人は、自分の子どもたちと隣人に対してイライラした感情をもっていることもほのめかした。以下のケースワーカーの記録には、このワーカーが初回面接で、彼女を受けとめ、援助を提供することを約束し、さらに調査を進めるためにいくつかの判断材料を獲得した様子が記されている。

私（ケースワーカー）は、まず彼女に、問題解決に向けていっしょに努力したいと思っていると伝えた。しかし同時に、援助するためには、彼女が現在何を感じているのか、あるいは彼女に何が起きているのかなどをもっと知る必要があると話した。そして私は彼女に、幼かった頃の生活の様子を聴かせてほしいと頼んだ。彼女は即座に幼い頃の様子を話しはじめた。

五歳のとき、サンカ夫人は祖母の家に預けられている。祖母は、彼女を頻繁に叩き、遊ぶことも許さず、家事の手伝いばかりをさせたという。祖母に反抗を試みたこともあるが、よけいにひどく叩かれるだけだったという。ケースワーカーは、彼女がその頃、両親と会う機会はあったのかと尋ねた。

当時、両親は二ブロック離れた地区に住んでいた。しかし彼女は、祖母に見つからぬようにして訪ねて行ったときに、一度だけ両親に会っただけだったと答えた。このとき、私はそれ以上彼女の感情に深入りしないよう心がけた。

ここでケースワーカーが、サンカ夫人が両親に対する感情をこれ以上表出するよう不用意に刺激しなかったことが注目される。記録には、ワーカーがなぜ彼女の感情に深入りしなかったのかは記されていない。しかし、その理由を推測することはできる。おそらく、ワーカーは、サンカ夫人の祖母あるいは両親に対する否定的な感情が大変強く、また激しいと感じたため、彼女が、それらの感情をいきなり初回面接で表現するのは早すぎると判断したのであろう。あるいは、ワーカーは初回面接で、サンカ夫人の生活に関するその他の事実を、もっと収集しておきたかったのかもしれない。

ついで彼女は、十七歳のときに当時大学生であった現在の夫と出会ったと話しはじめた。彼は当時胃かいように苦しんでおり、そのこともあってか、父親は彼を強く拒否したという。彼女たちは五年の婚約期間を経て結婚した。しかし結婚直後に夫は入院し、一年間職に就くことができなかったという。彼女が股関節脱臼という病気を背負った長女を出産したのも、その頃のことであった。以下に示す記録には、ケースワーカーがサンカ夫人に対して共感的な理解を言葉で伝え返しながら、サンカ夫人の感情と彼女の生活の事実を引き出そうとした様子が記されている。

私は、彼女の結婚生活で、事態がかなりうまくいっていると思われた時期はあったのかと尋ねてみた。サンカ夫人は、「いいえ。いつも何か問題がありました」と答えた。つぎに、結婚して以降の夫の様子を尋ねた。彼女は即座に答えた。「夫はずっととても良い人でした。夫はいつも家で私といっしょに過ごしてくれましたし、賭け事もお酒も一切やらない人です。文句のつけようがない人です」。たしかに良いご主人なのだろうが、あなたを不満にさせたり、混乱させている要因がご主人には本当にないのだろうかと尋ねてみた。すると彼女は、自分は夫を助けるために外に働きに出たが、夫が家事を手伝ってくれたことは一度もないと話しはじめた。そして、大変に落ち込んだ様子で、「私が一人で、家事をすべてやらなければなりませんでした」と話した。私は、それは大変でしたねと反応した。ただし、最近では夫も、彼女の混乱した様子を気にかけて、少しずつ変わりはじめているという。私は、彼女が今は一日家におり、家事に取り組むゆとりもでき、夫も少しは助けてくれるようになったのですねと、最近の変化について確認した。また、彼女が長いあいだよく頑張ってきたと思うとも伝えた。

二回目の面接の前日、彼女の二人の子どもは機関が主催した保育キャンプに参加している。キャンプの前日、彼女はケースワーカーが子どもたちの様子について電話で問い合わせてくるのを心待ちにしていた。しかし、ケースワーカーは翌日の午後まで電話をしなかった。ケースワーカーは、サンカ夫人の失望に対して簡潔かつ率直に反応している。ワーカーのこの反応は注目すべきものである。

彼女は、昨晩電話を待っていたと言って、私に怒りを伝えた。私は、彼女が昨晩どのような気持ちでいたかを想像できるし、私の誤解から心配をさせてしまい、大変申し訳なかったと謝った。これに対してサンカ夫人は、よく分かりましたと答えた。

サンカ夫人は、キャンプに行っている子どもたちに、やや不自然な心配を感じているようだった。そこでケースワーカーは、サンカ夫人に彼女の心配を言葉で表現してみるよう励まし、子どもたちに関する彼女の態度を見つめ直してみるよう援助している。以下の面接記録の抜粋は、ケースワーカーの落ち着いた自然な反応ぶりをよく表現している。

私は、子どもたちが家を離れ、それでも無事にやっていけることが分かれば、複雑な気持ちがするでしょうねと彼女に伝えた。するとサンカ夫人は、日曜日の晩にとても心配して不安だったこと、そして、子どもたちはとても興奮してキャンプを楽しみにしていたことなどを話しはじめた。私は、彼女がその晩、何をどのように感じていたのかを尋ねてみた。彼女は、子どもたちが本当にキャンプを喜んでいるのかどうかよく分からなかったという。そして、子どもたちがキャンプに出かけてしまった初日には、どう考えたらよいのか分からなかったし、家事も手につかず、ただぼんやりと腰かけて過ごしたという。彼女は、子どもたちのことが心配でたまらないと何度も発言した。私は、どんな母親でも、子どもと初めて分離する経験は、子どもがもはや赤ん坊ではなくなった事実を突然突きつけられるのだから、とてもつらいことだと思うと話した。しかし、彼女は私の話を聞くと、たしかにそうだが、じつは家事は手早く手際よく片づけられたのだと話しはじめた。そして、今日の午後は家を留守にして出かけられるし、子どもたちの世話もしなくてよいし、とても気分が良いとのべた。これに対して私は、気分が良いのは嬉しいが、本当は嬉しさと不安の両方の感情があるのではないかと伝えてみた。

ケースワーカーはこの面接に先立って、精神科医のコンサルテーションを受けていた。そして、そこでこの事例の一つの援助目標は、サンカ夫人が幼い頃に抱いた祖母や母親に対する恐怖の感情から自由になることだろうと示唆されていた。彼女は大人になってからも、祖母や母親の命令に従い、二人から容認されるという行動のパターンをかたくなに守ろうとしていたのである。以下の抜粋にみられるように、ケースワーカーは、サンカ夫人が自らこの行動パターンに対して洞察がもてるよう援助を進めている。

サンカ夫人は沈黙していた。そして彼女は、沈黙のなかで勇気を振り絞ろうとしているように見えた。そして、こう言った。「ミセス・フル（担当ケースワーカーの名前）。じつは、私日曜日に母の家に行ってきたのです。そして、今は働いていないから、もう仕送りはできないと伝えてきたのです」。それに対して私は、きっと大変な思いをしながら行ってきたのだと思うと伝え、仕送りができないと伝えた前後では、何か心境に変化はあったかと尋ねた。サンカ夫人は、「私の母が何と答えたか分かりますか。私が働いていないなら仕送りができないのは当然で、仕送りをしてくれなくてもかまわないと言ってくれたのです」と答えた。そこで私は、彼女が母のその言葉を聞いて、どのように感じたのかを尋ねた。彼女は救われた気持ちになったという。そして彼女は、もし私に出会っていなかったら、母に仕送りができないとは言い出せなかっただろうともつけ加えた。私は、「ずいぶん悩んだようですが、悩む必要はなかったわけですね」とのべた。すると彼女は、「私はいつでもそうなのです。私以外の人がどう考えるだろうかということばかりを悩んできました」と答えた。……　私はしばらくして、彼女はしばしば祖母のことを狂人のような人だと言っていたが、多くの人は祖母のようではないのではないかと聞いてみた。サンカ夫人の答えはこうだった。「たしかにその通りです。しかし、私はいまだに祖母の夢をみて、祖母から叩かれるのではないかと恐いのです」。私は、彼女の祖母も、彼女が仕送りできないことを知っているだろうし、理解していると思うと伝えた。サンカ夫人は、彼女が仕送りの話を言い出す勇気を絞り出すために、一週間どのように過ごしたかを話し、今では自分がどれだけ愚かだったか分かったように思うとのべた。私は、重要なことは、彼女が母に仕送りを断る勇気がもてたこと、そしてこれからはもっと楽にそのような勇気をもてるようになったことだと思うと伝えた。

ケースワーカーは、サンカ夫人の明白な転移の感情を、理論的な言葉ではなく、むしろ具体的な情況を通して話し合ったのである。

ケースワーカーは、二回目の面接の終わりの部分で、サンカ夫人を援助したいという気持ちを繰り返し伝えている。また、サンカ夫人の情緒的混乱は、起伏を繰り返すだろうが回復してゆくだろうとものべている。

サンカ夫人はしばらく沈黙をつづけたあとで、こう発言した。「私は、なぜ何日もあんなに混乱したのでしょうか」。たしかに、彼女は先週、神経がまいって病院に行こうとし、それを思いとどまった日があった。それに対して私は、それほど混乱する理由をいっしょに考えてみましょうとのべた。つづいてサンカ夫人は、「心配をしすぎているのではないかと思います。実際、私が思うほど、悪いことばかりがあるわけではないのですから」とのべた。私は微笑みながらこう言った。「私も悪いことばかりがつづいているとは思いません。しかし、心は悪いことばかりで占領されているのではないのですか」。彼女は、「そうなのでしょうか……」と発言した。私はうなずき、そのあとで、来週もう一度面接したいと思っていること、またその間彼女が私に連絡を取りたければ、連絡をくれてかまわないと思っていることを伝えた。そして、彼女が母親に仕送りを断ることができて良かったと思うと、繰り返し伝えた。子どもたちが家にいなくて自分が家でくつろげるからといって、感情に大きな変化があると期待するべきでない。忙しいことで気が楽な人もいるからである、と私は言った。これに対して彼女は、「その通りですね。しかし、なぜ私は、忙しく働くとあんなに神経がまいってしまうのでしょうか」と質問した。私は、ときによって人間は働きすぎることもあるが、彼女がこうして休息できるようになったことはとても大きな変化だと思うとのべた。サンカ夫人は、「おっしゃる通りですね。あせらないようにします」と答えた。最後に私はうなずきながら、来週また会いましょう。そして、話を先に進めましょうと伝えた。

サンカ夫人は三回目の面接で、二回目の面接以降の一週間気分はずっと良かったのだが、週末の一日だけ大変混乱したと報告した。ケースワーカーは、サンカ夫人がより具体的な言葉で彼女自身を語るよう励ます必要があると考えた。そこで、彼女が具体的な言葉で話ができるよう、いくつかの質問を行なっている。それらは尋問のような質問ではなく、彼女が答えるのが嫌であれば答えなくてもかまわないし、答える準備が整っていれば、彼女が自ら感情をいっそう深く掘り起こす契機になるような質問であった。

土曜日の晩、彼女は数時間寝つけなかった。そして、ベッドのなかで寝返りをうちつづけていた。

夫が、どうしたのかと尋ねたが答えたくもなかったという。あらゆることが心のなかをよぎり、いっそう緊張が強くなっていったという。私は、「あらゆることがですか」と聞き返した。私には、子どもたちがキャンプから帰ったため、彼女がふたたび混乱しはじめたことを具体的に表現できないためにそう話しているのではないかと感じられた。そこで、親は誰でも子どもを可愛いと思うと同時に、うとましく感じることもあるものだと伝えてみた。すると彼女は、しばらく私を見つめてから、「子どもって、本当にそうですね」と言った。そして楽しそうに笑った。私はそんな彼女に、「そうです。子どもにイライラする時って、確かにあるものです」と、ふたたび伝えた。

このとき、ケースワーカーは、サンカ夫人の夫婦関係にも葛藤があると考えていたかもしれない。しかしワーカーは、夫婦間に葛藤があったとしても、それについて話をする準備はまだ彼女に整っていないと判断したのだろう。引きつづきケースワーカーは、彼女と子どもたちとの関係に焦点を当てて面接をつづけている。

以下の記録の抜粋では、ケースワーカーがクライエントからの質問に反応するなかで、サポートを提供し、受けとめる態度を伝え、さらに気持ちを楽にするよう援助した様子がよく記されている。

サンカ夫人はつぎのように発言して、気持ちを語りはじめた。「ミセス・フル（ワーカーの名前）。なぜ、私が土曜日の晩あれほど混乱したと思いますか。それは、本当につらかったのです」。私はそのようなことが過去にもあったかと尋ねた。子どもたちがキャンプに出かける前にも、彼女は一睡もできなかった晩があったのである。さらに、彼女が物事をうまく処理しつづけるために、長年のあいだ、一人で頑張って働かなければならなかったことを話題にした。つまり長いあいだ、夫は具合が悪く、働きにも出られず、しかも子どものシンシアまで長期に病気であった事実をもう一度話題にしてみた。そして、彼女はよくやったと思うと伝えた。しかし同時に、その頑張りが家族のみんなを緊張させていたのではないかとも伝えてみた。そのような彼女の傾向は現在もつづいていると考えられた。私はさらに、子どもたちがキャンプに行っているあいだ気持ちを楽にできたのは本当に良かったと思うが、その気持ちが長くつづかなかった事実を話題に採り上げた。そして、これからも今回とおなじように、彼女の混乱は落ち着いたり激しくなったりを繰り返すだろうが、先週の一週間は、一晩を除けば落ち着いた気持ちで過ごせたわけで、このことは十分評価してよいと思うと伝えた。また私は、「あなたも分かっていると思うけど、今の心の混乱がつくられるまでには大変時間がかかったのです。ですから、そこから立ち直るのにも、もう少し時間が必要ですね」と話しかけた。これに対してサンカ夫人は、「私も、そう思うようになりました」と答えた。

サンカ夫人との面接はこれ以降十三回つづいている。以上に紹介した三回の面接記録の抜粋は、われわれが本章で、「援助者は自分の感情を自覚して吟味する」と呼んだ援助関係を形成する際の原則を、じつに簡潔なかたちで説明していた。このクライエントがかかえていた主な困難は、彼女の情緒的領域の問題であった。したがってケースワーカーは、クライエントが自ら感情を表現する作業を促したり、助ける必要があった。そしてケースワーカーは、クライエントの感情表現に自ら感情をもって反応することにより、クライエントの感情に「参加」(involved)していったのである。ただし、そのような「参加」を行なうとき、ケースワーカーはワーカー自身の内面に生じている反応をきちんと「自覚して吟味する」(controlled)必要がある。つまりケースワーカーは、ワーカーの内面に生じている反応をクライエントに伝達することが、その事例の援助目標に沿ったものであるのか、また面接の度に変化するクライエントのニーズに適したものであるのか、さらにその伝達がケースワーカーの診断を進める作業に適合しているか否かなどを十分に吟味しておかなければならない。

原則4

# 受けとめる（受容）

一九二九年に開催されたミルフォード会議において、当時ソーシャルワークの実践を支えていると思われていた専門用語や原則そして学問のレベルより、実践のほうが精密な実態をもっているという内容の報告が行なわれた。そのような事態は、ソーシャルワークの発展にとって望ましいものではない[1]。しかし一九四九年にも、ソーシャルワークが定義の明確な概念や的確な専門用語をもたないために、その教育や訓練に困難が生じており、他の専門職とのあいだにも誤解や混乱が生まれているという指摘が行なわれている[2]。

ソーシャルワークの世界で、もっとも普及している言葉の一つに「クライエントを受けとめる」という表現がある。ケースワーカーは、この言葉をとりわけクライエントとの援助関係において多用している。しかし、誰もが「クライエントを受けとめる」ことが重要であるとは認めているものの、この言葉は依然としてもっとも漠然とした専門用語の一つにとどまっている。

「受けとめる」(accept) の語源は、それを物に対して用いる場合と知的概念に使用する場合、あるいは人に対して用いる場合によって意味が異なっている。物に対してこの言葉を用いる場合、受けとめるとは「贈り物を受けとる」というように受領 (receive) することである。つぎに、この言葉を知的概念として使用する場合、受けとめるとは、たとえば「民主主義の概念をよい政治形態として受けとめる」などと表現するように、「何らかの概念を、真実である、または、意義があるとか、真実かつ意義がある」という意味で用いられる。さらに、人に対してこの言葉を用いるときは、受けとめるは尊敬の念にもとづいて人に応対することを意味している。

「クライエント受けとめる」という言葉を概念化したソーシャルワークの文献はほとんどないといってよい。わずかに数人が短い文章によって、この言葉を説明しているだけである。それらを以下に年代順に示してみたい。これらはいずれも、私が本章で定義を試みる際に参照したものである。

**一九三二年** われわれが彼 (クライエント) のありのままを理解し、同じ人間として彼の全体を尊敬するとき、「受けとめている」ということができる。(3)

**一九四九年** 「受けとめる」という言葉は、ケースワーカーのクライエントに対する態度を表現するときに頻繁に用いられるが、そこには二つの基本的な使われ方がある。ワーカーがそうしてはならない態度を表現する場合と、こうすべき態度を説明する場合である。具体的にいえば、

①ケースワーカーは、いかにクライエントの行動が認めがたいものであるとしても、彼に対する

厳しい非難や敵意だけに支配されてはならない。②ケースワーカーは、クライエントを援助に結びつける架け橋になるよう、純粋な温かさと他者に対する積極性をもたなければならない。そして、ケースワーカーは、他者の幸福や慰めに寄与することだけで満足してはならない。つまり、援助の成功に満足したり(このような気持ちをもつことも不自然ではないが)、社会の利益を目指すだけでなく、ある人の人生に起きている事柄そのものに心底心を配る必要がある。(4)

**一九五〇年** ソーシャル・ケースワーカーは、クライエントのもっているさまざまな困難や限界をも含め、その人のありのままの姿を受けとめるべきである。すなわち、ワーカーは偏見をもたずに、他者を受けとめるよう期待されている。ケースワーカーは、クライエントに温かく対応したり、彼を受けとめたり、あるいは理解しようとするが、それはクライエントと友人になるためではなく、そのことを通して人間全体の生活の質を高めるためである。このような努力の実例は、地味ではあるが、さまざまな人間関係の営みのいたるところにみられるものである。(5)

**一九五一年** 面接技術は、「クライエントを受けとめる」という専門家としての態度を基礎としている。このことは、クライエントがいかなる状況にあろうと、また彼が攻撃したり、依存する態度を見せたり、さらに率直さに欠けていたり、あるいは彼が面接者を不愉快にし気落ちさせるような態度を示すとしても、その人をありのままに受けとめることを意味している。このような援助態度は、人間に対する尊敬の念、あるいは困難をかかえて援助を求めるいかなる人をも助けたいとする、われわれの純粋な希望から生まれるものである。いい換えればこの態度は、礼儀正しさ、辛抱強さ、傾聴する態度、あるいはクライエントの訴えや要求、自己暴露を一方的に批判したり、非難したりしない姿勢から生まれるものである(6)。

……援助者に求められる基本的態度は、総合的な理解を追い求めることである。……われわれはそうした理解を追求するために、クライエントの現在の姿を批判したり責めたり、あるいは非難したりすべきではない。すなわち理解するためには、クライエントを受けとめる態度が必要である。具体的にいえば、クライエントの潜在能力や可能性を十分に受けとめ、またクライエントを新たな成長に旅立とうとしている人として受けとめることが必要である(7)。

**●一九五四年**　援助や力を提供するソーシャルワークの「原動力」は、……「受容」と呼ばれる「特殊な愛」である。その愛の内容は、「温かさと配慮、援助を進めるために理解しようとする態度、そして人がより良く生きられるよう援助しようとする関心」などである。人がより良く生きるとは、彼が自分の人生と行動を自ら大切にすることである。また、この「愛」は「一貫した中立性と安定した態度」を特徴としており、ケースワーカーはこのような態度を身につけてこそ、クライエントの生活体験に対して「援助という明確な意図をもって係わり、彼の生活体験を分かち合おうとする」意志をクライエントに伝えることができるのである(8)。

　クライエントを受けとめるという援助の原則は、ソーシャルワーカーがクライエントをありのままの姿で捉え認識し、受け入れて、援助関係を形成することである。つまり、ワーカーがクライエントに対してこうあってほしいとか、こうあるべきと考えることではない。いい換えれば、ケースワーカーは、クライエントがたとえ現実をゆがめていたり、援助者とは異なる認識や価値観をもっているとしても、彼のありのままの姿を把握し、受けとめようとしなければならない。しかし、このことは、クライエントに対して、現在より良い姿に変わってほしいと望んではならないという意味ではない。むしろ、あらゆる他の技術と同じように、援助の成否はわれわれがクライエントを可能性と限界を併せもつ存在として、どのくらい受けとめられるかにかかっているということをのべたいのである。ソーシャルワークは、援助の開始期にはクライエントの現在のありのままの姿に係わりながら出発すべきだし、その後の援助の各段階においても、その時その時のクライエントのありのままの姿に係わるべきである。(9)

以上の文献は、クライエントを受けとめるというケースワーカーの態度を、「人間全体の生活の質を高める」とか「専門的態度」「基本的態度」あるいは「原動力」「原則」などの言葉によって説明していた。ケースワーカーがクライエントを受けとめようとする意図を内面にもっている場合、その意図が実行される以前であれば、その意図は一つの態度であるといってよいだろう。あるいは、クライエントを受けとめようとするケースワーカーの内面的態度は、知的な確信にもとづいた、あるいは情緒の色彩をいくらかおびた、意志の方向性であるといってもよい。しかしケースワーカーがこの態度を意識し、態度として表わし、さらにそれを専門的行動ないし行為とするとき、それはもはや原則と呼ぶことがふさわしい。

クライエントを受けとめる行為とは、たとえば援助を目的としてクライエントを理解すること、クライエントに敬意をはらうこと、また愛すること、把握すること、あるいは認識すること、援助することと、さらに迎えることなどである。これらの行為は、大まかに三つの段階に分けて整理することができる。すなわち、①感知すること——まず、ケースワーカーは、自分が受けとめつつあるものを客観的に見つめなければならない。②援助を目的として理解すること——つぎにケースワーカーは、それぞれの事例において、いかなる原因がクライエントに影響を及ぼしているのか、またその原因がクライエントにとってどのような意味をもっているのか、さらにケースワークの目標をどこにおくべきかなどの観点から、クライエントを受けとめなければならない。③さらにケースワーカーは、クライエントのもつ現実を多様な角度から適切に認識すべきである。

先に引用した文献は、ケースワーカーが「何」を受けとめるのかについて、つぎのようにのべていた。たとえば、「クライエントの人間としての全体性」「個人がもっている限界も含めたありのままの姿」また「不愉快で気落ちするような態度や振舞いがあるとしても、それをクライエントのありのままの一部として」あるいは「クライエントのもっている可能性」さらに「ケースワーカーがこうあってほしいと望んだり、こうあるべきと考える姿ではなく、実際のあるがままのクライエントの姿」などである。これらの表現を要約すれば、つぎのようにまとめることができるだろう。すなわち、ケースワーカーが受けとめる対象とは、健康さと弱さ、可能性と限界、好感のもてる態度ともてない態度、肯定的感情と否定的感情、受けとめられる振舞いと受けとめかねる行動など、これらすべてを含んだ、実際のありのままのクライエントの姿である。ここで、きわめて重要なことは、ケースワーカーが否定したくなるようなクライエントのもつ側面を彼の現実として捉えると同時に、クライエントに対する尊敬の念をも保ちつづけるということである。

先の引用文は、クライエントを受けとめるケースワーカーの態度あるいは行為がいかなる特質をもっているかを、以下のように表現していた。すなわち、「温かさ」「礼儀正しさ」「傾聴」「尊敬」「他者に対する積極性」「関心」「興味」「一貫した中立性と安定した態度」「他者の生活体験に援助という意図をもって係わる」などである。

また文献は、クライエントを受けとめる態度ないし行為の目的については、つぎのようにのべていた。「クライエントの人間としての全体性に敬意をはらうこと」「困っている人を援助すること」「人が快適で幸福になれるよう援助すること」そして「クライエントがより良く生きられるよう援助し……彼が自分の人生と行動を自ら大切にすること」などである。すなわち、ケースワーカーがクライエントを受けとめる行為や態度の目的は、援助を目指すこと、問題やニーズをかかえるクライエントを援助することである。この見解に異議を唱える人はいないだろう。クライエントを受けとめる行為の目的は援助である。こうした意味で、われわれがクライエントを受けとめようとする目的は、社交の場や職場で他者を受けとめる場合の目的とは異なっている。

つけ加えておかなければならない点が一つある。それは、逸脱した態度や主義あるいは行動を示すクライエントをありのままに受けとめるということは、決してその逸脱に同調し、それを許容することではないという点である。つまり、彼らを受けとめることは、彼らの行動を真実ないし良いものとして許容することではない。彼らを受けとめる際には、そのような行動を彼らの現実の一部として認識し、理解するのである。明らかに、受けとめることと許容することは同じではない。以下に引用する文献にも示されているように、すでに多くのソーシャルワーカーはこの区別をきちんと論議し、認識している。

　ソーシャルワーカーは、個人や社会のなかで起きる悲惨な事態や悪に対して公平な態度を採ることはできないし、またそうすべきでもない。ソーシャルワーカーは、つねにある価値基準に立つのであるが、クライエントをほめたり、非難したりすべきではない(10)。

　反社会的な行動を引き起こした結果、精神医学の診断を受けるにいたったクライエントに対して、ソーシャルワーカーが彼の行動を許容するとすれば、またそのクライエントがワーカーの許容する態度に気づくとすれば、それは援助にはならないであろう。ケースワーカーは一面的にほめたり、厳しく非難したりしないという態度をクライエントに伝える必要はある。しかし、クライエントのかかえる問題を理解し援助するためには、問題を客観的に検討する必要があるということもきちんとクライエントに伝えなければならない。すなわち、われわれはクライエントを援助を必要としている人として受けとめる必要はあるが、彼のすべての行動を許容すべきではない(11)。

もちろん、ケースワーカーがクライエントを受けとめることは、ワーカーがクライエントの問題や価値をワーカー自身の問題や価値として引き受けることではない。それは不可能であるし、望ましいことでもない。実際ケースワーカーは、専門家としての価値基準を維持しつづけることが必要であり、重要なのである。(12)

ソーシャルワークの専門家としての責務は、人を受けとめることと、道徳に反したり社会のルールに反したりする行為を受けとめることとを、混同しないよう注意することである。(13)

ここで、以上の文献を参照しながら、「クライエントを受けとめる」という援助原則を以下のように定義してみたい。

援助における一つの原則である、クライエントを受けとめるという態度ないし行動は、ケースワーカーが、クライエントの人間としての尊厳と価値を尊重しながら、彼の健康さと弱さ、また好感をもてる態度ともてない態度、肯定的感情と否定的感情、あるいは建設的な態度および行動と破壊的な態度および行動などを含め、クライエントを現在のありのままの姿で感知し、クライエントの全体に係わることである。

しかし、それはクライエントの逸脱した態度や行動を許容あるいは容認することではない。つまり、受けとめるべき対象は、「好ましいもの」(the good)などの価値ではなく、「真なるもの」(the real)であり、ありのままの現実である。

受けとめるという原則の目的は、援助の遂行を助けることである。つまりこの原則は、ケースワーカーがクライエントをありのままの姿で理解し、援助の効果を高め、さらにクライエントが不健康な防衛から自由になるのを助けるものである。このような援助を通して、クライエントは安全感を確保しはじめ、彼自身を表現したり、自ら自分のありのままの姿を見つめたりできるようになる。また、いっそう現実に即したやり方で、彼の問題や彼自身に対処することができるようになる。

いかなる人間も、その人に独特な固有の価値をもっている。また、生まれながらの尊厳、価値、基本的権利、ニーズをもっている。さらにいかなる人も、人間すべてに普遍的に共通する価値をもっている。この普遍的に共通する価値は、創造主である神がわれわれに与えたものである。したがってこの価値は、ある人が身体に障害をもっていたり、経済的に失墜したり、さらに社会的に失敗したりしたとしても、あるいは逆に成功を収めたとしても、そのために増やされたり減らされたりするものではない。たとえば、公的扶助を申請する者でも、捨て子でも、また街の居酒屋の裏口に寝そべるアルコール依存症者でも、あるいは精神病院で暴れる患者であっても、彼らは富める人、愛情深く親から育てられている子、完成されたパーソナリティをもつ者、あるいは聖人とまったく同じように、人間としての尊厳と価値をもっている。たとえ、社会的な落伍者であっても、成功した人とまったく同じように、神の形になぞられて創られた同じ人間である。また、天にましますわれらの父から永遠の愛を受けた申し子であり、天国を受け継ぐものである。

人間の尊厳という概念は、自由世界の哲学的な砦であるということができる。弁証法的唯物論は、百年ほど前からこの世界に広まりはじめ、二十世紀の半ばである現在では、文字通りわれわれの周囲を広範囲に取り囲むほどの概念になった。そして、実際、人間の尊厳という概念は、われわれとわれわれを飲み込んでしまおうとするものとのあいだに立ちはだかっている唯一の、もっとも重要な概念ないし砦である。権力を求めて闘う生き方以外の、われわれの生き方に意味を与えてくれるのは、まさしくこの概念であり、あるいはこの概念に代表される信念である。ムッソリーニやヒトラーのような全体主義者の侵攻を阻止するため、われわれに命を投げうたせたものは、まさしくこの概念である。また、クレムリンの策謀に胸をはって挑戦し反抗する勇気と決意を与えたのも、この信念である。(14)

個人がいかなる特徴をもっているとしても、それは、人間の基本的価値を剝奪する理由にはならない。遺伝や環境条件もこの価値を変えるものではない。たとえ、民法や道徳法に違反するような受けとめがたい行為でさえも、神から与えられた尊厳を人から奪う理由にはならないのである。ある人が、神の意志に背いて振舞うとき、彼は自分の尊厳にしたがって行動しているのではないからである。したがって、たとえ神の意志に背くときでさえ、彼は自らの尊厳を失うことはないのである。

人間の尊厳の起源がどこにあるかを、正しく考察しておくことも必要である。尊厳は個人としての成功によってもたらされるものでもなければ、人権宣言や民主主義憲法にその源を発しているわけでもない。それらは人間の価値の起源ではなく、それを単に宣言しているだけである。人間の尊厳の起源は、神から与えられたもののなかにある。

人間の尊厳の根拠は、神の姿に似せて人間を創られた創造主と人間との関係のなかにある。人間の心や意志も、また知識をもったり愛したりするわれわれの能力も、神の姿になぞらえて神が創造されたものである。したがって、人は自分のあらゆる行ないのなかに神の姿をうかがい知ることができる。とりわけ、人はわれわれを創造した神と向き合うとき、神の姿を知ることができる。人は神のように賢明であり、神のごとく自由に愛することができる。また、人はそうした能力を働かせることによって、理知的なエネルギーを神に直接向けることができるばかりでなく、神の無限のエネルギーが英知と愛を注ぎこんでいる同じ無限の対象に対して、神の力に似た力を的確に使うこともできるのである。つまり、神は自らその本性と活動を、地上のわれわれのなかに再現している。このことが、人間が生まれながらにして、価値と尊厳をもっている根拠である。人間のもつ価値と尊厳は、無限なる神自身が定めた基準と法則によってしか、比較したり、評価することはできない。すなわち、人間の尊厳は、世界を創った創造主が神をモデルにしてこの世に体現したものである。(15)

人の価値は以上のような根拠にもとづくものである。そのため、その価値はいかなるものからも、あるいはどのような他者からも、剝奪されることはない。すなわち、人の人間としての価値は、他人に譲り渡すことのできないものである。このような人間の価値こそ、まさにクライエントを受けとめるという援助原則の基礎であり、ケースワークに意義と方向性を与える基盤である。

われわれは、「人間」という言葉がもっている意味をすでに忘れかけてしまっている。しかし、以上にのべた意味で、われわれは今、人を「人間」として見直さなければならない。また、われわれは人を、ある側面で確実に「神性」を備えたものとしても認識し直さなければならない。つまり、これ以上人間を動物として扱ってはならない。われわれは、神の英知に似て創られた人間として互いに対面しているのである。われわれの姿が神をモデルにしているということを自然のうちに理性的に理解すること、われわれが神や周囲の人びとのなかに見ることのできる神の姿から、価値や尊厳を自然に認識すること。これらの努力こそ、われわれをもう一度の神のみもとに近づかせ、神に対して謙虚にひざまずかせてくれるに違いない。(16)

## クライエントのニード

多くの場合、社会福祉機関を訪れるクライエントは、現在の生活に何らかの問題をもち、それを解決したいと望んでいる。また、彼らの多くは、劣悪な環境条件や彼自身のパーソナリティの問題もかかえており、援助なくして、そのような変化を自ら実現することが困難である。彼は自分を幸福だとは感じていない。むしろ、彼は自分に対して両価的（ambivalent）感情をもっているといったほうが適切だろう。彼は自分なりのやり方で、自らの弱さや失敗にいくらか気がついている。しかし同時に、自分の人間としての尊厳や価値も意識しており、こうした意味で両価的である。生活問題を克服したいという希望やそれを克服する準備状態は、クライエントによって程度が異なる。そして、クライエントが自分の問題に対応できなくなり、援助を求めるとき、彼は自分の両価的感情と態度を強め、彼が従来採用してきたやり方で（これは彼の適応様式の一部である）、それらの感情や態度を活発に表現するようになる。

クライエントのもつ両価的感情は、ケースワーカーにも伝わり影響を与える。クライエントは、援助を受けるために彼の欠点などをケースワーカーに明かさなければならないことは理解している。しかし一方で彼は、ケースワーカーが彼のありのままの姿を見て軽べつしないだろうかと恐れてもいる。あるいは、非難されるのではないかという不安ももっている。問題の性質やクライエントの性格によっても異なるが、これらの恐怖が援助に対するクライエントのさまざまな反応を引き起こすのである。クライエントはまず、援助を求めるとき、見知らぬ人と向き合う不安を感じる。たとえば、援助を拒絶されはしないかと恐れるかもしれないし、援助を求めざるをえなくなった諸条件に対して憤りを感じるかもしれない。また彼は、見知らぬケースワーカーに係わられることに不安をもつかもしれない。それゆえクライエントは、彼の周りに防壁をめぐらし、自分自身を隠そうとする。クライエントは、自分の問題に関連するので明かさなければならない事柄をケースワーカーに明かす際に、大きな不安を感じるものである。クライエントがその事柄を忘れようとして、心の奥底に押し込み、そのため漠然とした自覚しかもっていない場合も少なくない。隠蔽して抑圧した不安のほうが、現実の悲惨な状況より資（たち）が悪い場合もある。

以上のように、クライエントが自分では直面しがたい感情（それが生活問題に密接な関わりがあるとしても）を隠している場合は少なくない。したがって援助関係では、クライエント自身が隠しておく必要はないと感じられるような、ケースワーカーの受けとめる雰囲気がいっそう重要である。

クライエントは、そのような雰囲気のなかで、ためらいながらも他者に対する否定的な感情を表現しはじめるかもしれない。しかしこのとき、彼はケースワーカーの反応を試すために、ためしに観測気球を上げているようなものである。したがって、ケースワーカーは彼の否定的感情の表現を安易に許容したり、非難したりすべきではない。もし、ケースワーカーがクライエントのその感情表現を、クライエントの現実の一部として受けとめることができれば、やがてクライエントは防衛から解放されてゆくのである。この後も、クライエントはケースワーカーが彼を安易に許容したり非難したりせずに、あるいは軽べつしたりせずに、さらに健康さや弱さ、成功や失敗の経験なども含めて、彼のありのままの姿を受けとめていると感じられるようになるまでは、ワーカーを試しつづけるだろう。この過程をつづけるなかで、初めて、クライエントは彼の防衛が何も生み出さず、望ましくないものであることを自覚するようになる。また、彼の話す内容がいかなるものであっても、ケースワーカーがそれを理解し、援助に役立てようとしていると感じられるようにもなる。やがて、彼は自分を表現することに安全感をもつようになる。そして、自ら自分のありのままの姿に直面するようになってゆく。さらに、自ら自分の否定的感情を整理して吟味し、彼自身の力によって援助の効果を高めることができるようになる。あるいは、ケースワーカーが彼を受けとめられるようになるにつれ、クライエントは、自ら彼自身を受けとめはじめるのである。また、彼はケースワーカーを脅威すべき相手とは感じなくなり、彼本来の姿を獲得して、自分の力を育てていくことができるようになる。クライエントは、これらの過程を漠然としたかたちでしか気づかないかもしれない。また、「今まで一度も、誰ともこんなふうに話したことはなかった」というような単純な表現でしか、これらの過程を表現しないものかもしれない。

クライエントが自らを受けとめ、自分に係わるようになることは、彼が自分で自分を助けようとする新たな努力を開始することである。おそらく、彼は他者から安易に許容されたり、非難されることのない体験を初めて味わっている。そのため、彼は自分のもつ感情や態度を本物として、あるいは意義あるものとして認識することができるようになる。クライエントのなかで、自ら自分を信頼するという内的変化が生まれるのである。そして、この内的変化が、不快な情況から生じている恐怖や憤りの感情に打ち負かされないだけの力を自らのなかに育ててゆく。

## ケースワーカーの役割

ケースワーカーは、援助の専門家であるという自覚をもつようになると、援助関係を現実という基盤の上に形成することが重要であると気づくようになる。また、ケースワーカーは適切な現実とは何かを探求しはじめる。つまりワーカーは、クライエントの健康さと成功をみるだけではなく、クライエントの現実的な弱さや失敗にも注目するようになるのである（弱さや失敗に関心をもつことが援助にとって適切である場合には）。援助を行なう最初の段階では、問題という現実を認識することが必要である。それゆえ、ケースワーカーはクライエントの現実が不快なものであるとしても、それを見つめなければならない。また、クライエントがさまざまな不快な現実を語るときにも、それらを受けとめ、クライエントや彼の問題にとってそれらの現実がどのような意味をもつのかを理解しようとする必要がある。さらに、ケースワーカーはそれらの表現を単に受け身で待つのではなく、しっかりとした診断にもとづいて、またクライエントのペースを尊重しながら、クライエントがそれらを表現するよう積極的に働きかけるべきでもある。

クライエントが、自分の人生や周囲の人に対してもっている否定的感情ないし態度を表現するとき、あるいはクライエントがそれらの感情をケースワーカーに向けて発信するとき、ワーカーはそれをむしろ歓迎し、クライエントがそれらを表現したことを喜ぶべきである。ケースワーカーは、クライエントがこれらの否定的感情をもったことを好ましくは思わない。しかしむしろ、彼が感情を表すことができたことが成果なのである。それによって、隠されていたクライエントの問題の現実的かつ関連性の高い部分を知ることになり、治療を進めることができるようになるからである。

比喩は必ずしも何かを完璧に表現するものではない。しかし、クライエントの否定的感情を受けとめるケースワーカーの行為を、医師が患者の症状を受けとめる場面にたとえて考えてみることができる。医師は、正確な診断を下すために患者に現れている症状を探そうとする。したがって、症状が現れることを歓迎する。もし、患者が呼吸困難という症状を訴えるなら、医師はその症状が心臓や肺、あるいは胃の病理の徴候であるか否かを確認することになる。こうした意味で、医師は患者についてすべての事実が明らかになることを喜び、歓迎するものである。むろん、医師は患者が病気であることを望んでいるわけではない。疾患の本態を正確に診断できることを喜ぶのである。ケースワークでも、何が困難の原因かを明らかにすることが、困難に取り組む際の第一歩である。この二つの例のもっとも大きな相違は、ケースワークにおけるクライエントより、医療における患者のほうが受け身の姿勢が強いという点である。ケースワークでは、クライエントも援助の主たる参加者である。現実を把握する作業は、ケースワーカーとクライエントの両者にとって、それぞれに重要な意味をもつからである。したがって、クライエントを受けとめる態度が、ケースワークの調査、診断、治療というすべての段階において不可欠なのである。

初めに援助関係の形成に着手するのは、社会福祉機関を訪ねてくるクライエントの側である。しかし、クライエントがどの程度安心感をもって問題解決に着手できるかは、ケースワーカーがクライエントの自己表現を大切にする態度をもつかどうかにかかっている。クライエントが、(ワーカーまたは機関を)訪問するという事実には、ワーカーの明確な対応を求めているという意味がある。

クライエントは、自分だけでは解決しきれない問題や挫折感をかかえているため、助言や援助を求めて社会福祉機関を訪れる。彼は来談することをあらかじめ検討し、自分の生活について話をする準備も整えている(ただし、クライエントが初回に話す内容には何らかの偏りがあることがふつうであるが)。またクライエントは、援助という新しい体験に臨む準備も整えている。やがて彼はケースワーカーによって、新しい体験に導かれることになる。このとき、ケースワーカーは予断や偏見なくクライエントを受けとめる。それにつれて、クライエントは気持ちを溢れださそうとするかもしれない。……ついでケースワーカーは、クライエントの自由な感情表現を励まし、彼の考えや計画についても細心の注意をはらわなければならない。さらにワーカーは、クライエントが明瞭に自分の問題を見つめ、彼が自ら自分をより良く理解できるよう、彼の話を引き出すべきである[17]。

このようなケースワーカーの行為には大きな特徴がある。それは、クライエント自身に焦点がおかれ、ワーカーのニードよりもクライエントのニーズに目が向けられていることである。

一つの重要な点において、ソーシャル・ケースワークは社会で営まれているふつうの人間関係とは異なっている。すなわち、援助関係は、クライエントのニーズを満たすことを目的として形成されるという点が相違点である。したがって、援助の専門家であるワーカーは、彼が友達に期待するような共感や助言をクライエントに求めてはならない。またケースワーカーは、自分の興味や関心をクライエントから満たしてもらおうと望んでもならない[18]。

ケースワーカーは、クライエントに真の関心をもたなければ、クライエントにとってほとんど役立たない。つまり、ケースワーカーが自分の好奇心や相手を意のままにしたいという欲望を満たすために、あるいはクライエントを援助する代わりに、クライエントから愛されたいなどと要求するためにクライエントに関心を向けるとすれば、決して援助にはならないのである[19]。

クライエントに対するケースワーカーの反応がもっている第二の特徴は、クライエントの潜在的な自助能力を発見し、クライエントの成長を促すような専門家としての責任を遂行しようとする態度である。

ワーカーは、人間のあらゆる感情に好意をもち、それらを理解しなければならない。また、いかなる感情にも寛容にならなければならない。しかし同時にワーカーは、いかなる相手にも、相手が最善を尽くすよう期待し、しばしば最善を尽くすべきと相手に主張することのできる人間でもなければならない[20]。

人の成長は、何よりもまず生活手段を確保することから始まり、ついでさまざまな機会に恵まれることに左右される。このことは多くの人が知っている事実である。しかし、最終的に人の成長は、その人が自分の身近な現実に直面するか否か、また自分に対する責任をとるか否か、さらに人間の限界に逆らうだけでなく、そうした限界や制限とうまく共存し、その範囲内で努力するか否かにかかっているということも周知の事実である[21]。

クライエントは自分の問題に自ら直面しなければならない。彼がその直面をワーカーに肩代わりしてもらうことはできないのである。したがってケースワーカーは、クライエントの問題に対する感情のみを受けとめるべきである。ワーカーがこのような態度を貫くことによって、クライエントはやがて自分の置かれた状況に対して、自らより良く直面することができるようになるのである。[22]

ケースワーカーのクライエントに対する反応の第三の特徴は、ワーカーの反応には思考と感情の要素が含まれるということである。思考の要素とは、援助における明確な目標意識や、人間のパーソナリティや行動パターンに関する知識などである。

人間に授けられた最大の賜物は、人が他者に対して、他者のもっている変化と成長の可能性に気づくよう助けることができる能力である。しかし、まずケースワーカーが人間の感情の特徴（たとえば、人は彼の置かれた状況や他者に対して、あるいは「カウンセラー」や「治療者」としてのワーカーに対して、どのような感情をもつ傾向があるのかなど）を体系的に学んでいなければ、クライエントのもつそうした可能性を開花させることはできない。ソーシャルワーカーが専門教育のなかで心理学を十分に学んでいる場合にのみ、クライエントが自ら感情を変化させ、成長させ、そして現実へ適応する方向に歩んでいく過程を援助することが可能となる。[23]

クライエントに対するケースワーカーの反応に含まれる感情の要素の一つとして、ワーカーの自己活用がある。ケースワーカーは、援助関係においてクライエントを受けとめるとき、ワーカー自身を活用しなければならない。このような専門家としての目的をもって、ワーカーが自己を活用するには、自己についての知識が不可欠である。

自己についての知識は、観察と実践を通して獲得することができる。ただし、これを獲得するためには、ケースワーカーは援助における自分の行動を観察し、専門的理解と責務に照らして自分の行動を評価する努力が必要である。

ケースワーカーは、いくつかの知識と技能を獲得するほかに、援助における自分と自分の行為が他者にいかなる影響を与えているかを積極的に理解し観察しなければならない。ただし、ワーカーがケースワークにおいて彼の自己を活用するとすれば、……自己をさまざまな角度から理解していなければならない。このような努力を経て、ケースワーカーはいかなる状況においても、自分の役割を判断し、自覚することができるようになるのである。(24)

学生は、実習教育の経験を通して、クライエントの感情に気づいて反応することを学んでゆく。また、学生は自分の失敗を検討することによって、クライエントとスーパーバイザーの両者に対する彼の反応を分析してゆくことができる。やがて、学生は自分の行動パターンを見ることを妨げている防衛を脱ぎ捨て、少しずつ自分を客観的に見つめ、自己を上手に活用することができるようになってゆく。(25)

このような自己理解（self-awareness）が、自分自身による自己の受容を進め、究極的にはケースワーカーの他者を受けとめる態度や行為を高めてゆく。問題に対して採用する態度、感情、そして反応の傾向を理解しておくことは、他の人が困難に対してとる態度、感情、反応を受けとめるうえで役立つ。ケースワーカーも、これらを体験し理解することによって、他者の感情や態度への理解ができるようになる。だが、このことは、ケースワーカーが援助を進めるために、クライエントと同じ問題を体験しなければならないという意味ではない。ケースワーカーも、彼の人生において何らかの問題をもっており、自分自身がそれらの問題にどのように対処する傾向があるかを考えることができるのであり、その経験が問題に対するクライエントの反応を検討するときに役立つのである。

ケースワーカーのクライエントに対する反応がもつ第四の特徴は、社会福祉機関の機能によって、ワーカーの反応する方向があらかじめ定められていることである。つまり、機関が提供するサービスの内容や特徴が、ケースワーカーのクライエントに対する受けとめ方に影響を与えるということである。各機関が提供するサービスの内容や特徴はクライエントをどのように受けとめるべきかを具体的に特徴づけている。受けとめるとは、クライエントをありのままに捉え、対応することである。したがって、クライエントが彼の問題を訴えることのできる範囲は、福祉機関が提供するサービスの内容によって異なってくる。不適切な調査と診断、さらに相談機関の実行不可能な援助計画はこうして回避される。

## 受けとめる上で障害となるもの

クライエントを受けとめる上で障害になりうる要因は非常に多い。しかし、障害となるものの源泉は、ほとんどつねに一つである。それは、いくつかの領域におけるケースワーカーの自己理解の欠如である。この欠如がクライエントのもっている現実認識を見誤らせ、クライエントをありのままの姿で捉えることを妨げる。

受けとめる上での障害を列挙する前に、一般的な所見をのべておきたい。受けとめる技術は、完璧な視力があるか全盲かというような、すべて存在するかまったく存在しないか（all-or-nothing）という現象ではない。つまり、いかなるケースワーカーも程度の差はあれ、ある程度クライエントを受けとめる技術はもっている。この技術の程度は、同じ一人のケースワーカーでも、日によって、また相対するクライエントによって、異なるものである。いかなるケースワーカーも、完璧に受けとめる技術はもっていないし、完璧になるように期待されてもいない。そのような技術をもつためには、神のような知恵をもち、人間のもろさから完璧に脱却しなければならないからである。しかし、すべてのケースワーカーは、日常の臨床のなかで、つねに自らを改善する余地はもっているし、クライエントを受けとめるために、より優れた技術を獲得しつづける責務も負っている。

以下に、クライエントを受けとめる上で障害となる要素を挙げる。ただし、いずれの記述も完璧な考察を目指したものではなく、説明を意図したものにすぎない。

## 1 人間行動に関する十分な知識をもたないこと

ケースワーカーは、心理学や精神医学の知識、とりわけストレスという負荷のかかった状況における人間行動のパターン、社会経済的問題に対する情緒的反応の傾向、あるいは日常的な防衛機制についての知識を必要とする。この知識が、個人を理解する際の枠組みとして役立つことになる。受けとめるという行為に関していえば、この枠組みがそれぞれのクライエントの現実を構成している諸要因を捉えることを可能にするのである。この枠組みをもたないケースワーカーは、何を捉えるべきかが分からず、結局クライエントの多くの現実を見落とすことになる。

## 2 ケースワーカーが自己を受けとめられないこと

クライエントの置かれている状況が否定的で望ましくないものであっても、ケースワーカー自身がそれと似た状況に置かれているのであれば、クライエントの現実を構成する要素を把握することはさほど難しくないだろう。このことはいかなる場合にも当てはまる。たとえば、子どもが養母に対して嫌悪感をもっている場合でも、ある人が経済的不安におののいている場合でも、あるいは、親が自分の子どもに愛憎という両価的感情をもっている場合でも当てはまる。しかし、もしケースワーカーが自らの内にこのような未解決の葛藤をもち、しかもそれを抑圧しているとすれば、そのワーカーがクライエントに対して同様の状況に直面するよう援助することはきわめて難しい。たとえ直面を援助することが良いケースである場合でも難しい。まず、ケースワーカーが自分の人生において未解決の葛藤を抑圧しているという現実を直視しなければ、彼がクライエントの人生における同様の葛藤をクライエントのものとして扱うことはできないのである。

われわれが他者に係わる際にもっとも重要なことの一つは、まずはわれわれがわれわれ自身を理解し、自身に直面することである。むろん、ケースワーカーはこの作業の過程でつらい痛みを感じることもあるだろう。しかし、ワーカーは自分の内にある悪しき衝動と良き衝動を認められるように学び（いい換えれば、二つの衝動を事実として受けとめ）、またそれにもかかわらず、多くの人を「愛する」能力を高めてゆかなければ本当の意味で援助者にはなれない。あるいは、少なくともケースワーカーは、自分のなかにある否定的な感情によってクライエントを傷つけることがないよう、自分の感情がもつさまざまな傾向を自覚しておく必要がある。(26)

## 3　自分の感情の責任をクライエントに転嫁すること

自己理解とは、自分の態度や感情がもつ傾向を自覚することである。このような自己理解をもつことによって、ケースワーカーは、自分自身を他者とは異なる独特の反応パターンと側面をもつ個人として捉えられるようになる。この自己理解をもたないと、ケースワーカーは、自分が抱く感情の責任をクライエントに転嫁しやすくなる。自己理解の不足したワーカーは、クライエントの感情表現を妨げるばかりでなく、ある状況に対してもっているクライエントの感情を、あたかも分かっていると誤解してしまうことにもなる。その結果、彼は、現実を認識することができなくなり、クライエントをありのままの姿で理解することも不可能になる。クライエントは、漠然とではあるが、このような状況を、援助者のきわめて巧妙なかたちでの拒絶と感じとるものである。

## 4 偏見と先入観に支配されること

ソーシャルワーカーは、人種、信条、文化、経済などの社会状況がつねに大きな偏見と先入観をつくり出す傾向をもつことを知っておいたほうがよい。しかし、自分のなかの偏見を発見する作業はいっそう難しい課題である。たとえば、一定の年齢を越えた仮出獄者の更生はどのような場合でも不可能であるというケースワーカーの悲観論は、クライエントを受けとめる上で障害になりうる。また、あらゆる未婚の母親の基本的問題は、未婚の母とその母親との関係が原因であると決めつける確信も、ケースワーカーにそれとは別の原因を見落とさせてしまう恐れをもっている。さらに、未婚の母親から生まれた子どもは養子に出すよう措置することがいかなる場合も最善であるという固着した信念も、クライエントの現実を十分に理解することを妨げる危険がある。

## 5　口先だけで励ますこと

ケースワーカーの励ましは、クライエントにとって心理的な支えになる場合がある。つまり、このような励ましは、クライエントが困難な現実に直面できるほどの強さをまだもっていない場合、現実との直面を一時的に延期するよう助ける一つの手段になりうる。しかし、励ましがその場を取りつくろう口先だけのものであることもある。口先だけで励ますとき、ケースワーカーは現実を拒否することと同じ結果を招いてしまう。たとえば、ある夫婦カウンセリングの場面で、妻が、夫の過度の飲酒は彼女の何らかの落度によるものであるかもしれないとのべた。それに対してケースワーカーは、妻の訴えを取り扱わず、自分を責めることはないと伝え、夫の飲酒は夫自身のパーソナリティの問題が原因であり、彼は仕事に対する責任から逃避しているにすぎないとのべた。[27] 明らかにこの励ましは、クライエントが感情を表出しようとするのを阻止している。事実、このケースワーカーは、このクライエントに関する何らかの現実を受けとめることを拒んだのである。

## 6　受けとめることと許容することとを混同すること

いかなる成人とも同じように、ソーシャルワーカーは人間の行動における善悪に関する信念を含んだ一定の人生哲学をもっている。そのような人生哲学には、社会的に望ましいものと望ましくないもの、受け入れられるものと受け入れられぬものについての見解も含まれている。これらの基準は、ケースワーカーの個人としての生活において欠くことのできない指針である。実際、ソーシャルワークという専門職業は、人間が行動する際に採用している判断基準をいっそう深く認識し、さらにそれらの基準を専門職業の哲学のなかに組み込んでいく必要がある。人びとがある事柄に関して、それぞれに異なる主観的見解や個人的な解釈、あるいは個人的趣味をもつことは不自然ではない。しかし、神聖で不変で恒久的である事柄も存在しなければ、人生は意義を失い、パーソナリティを統合することも不可能になってしまう。個々のソーシャルワーカーも、ソーシャルワークという専門職業全体も、許容できることと容認できぬことを明確に区別しておく必要がある。ソーシャルワーカーは、援助を効果あるものとするために、市民法や道徳法がもつ判断基準を支持し、さらに人間行動の品位と尊厳を高めている社会的・経済的基準の味方にならなければならない。この基準を明確なものとすることが専門性を成熟させることにつながるのである。

ケースワーカーの役割は、クライエントが望ましくない、受け入れがたい状況から、望ましい、受け入れられる状況へ移行するよう援助することである。それゆえ、いかなる援助でも、そこには暗黙のうちに、正邪・善悪に関する基準が存在している。たとえば、未婚の母親が道徳法に反して振舞うこと、仮出獄者が市民法を破ること、また、児童相談所に援助を求めた母親がわが子を情緒的に拒絶すること、あるいは、離婚によって家族を崩壊させること、恐怖感を与えて就労を妨げること、これらはいずれも望ましくない状況である。それゆえ、ケースワーカーは、クライエントのすべての状況を許容する責務をもっているとする考え方は誤りである。クライエントは人生に何らかの不幸をかかえ、援助を求めてわれわれの前に現れる。つまり、クライエント自身も彼らのすべてを許容しているわけではないのである。

にもかかわらず、ケースワーカーはクライエントと援助過程に関連するクライエントのすべての側面を受けとめなければならない。つまり、ケースワーカーは、望ましくないと思うクライエントの側面をも受けとめなければならない。たとえば、ワーカーは未婚の母親がセックスに関して両価的感情を表現するのであれば、それを受けとめる必要がある。彼女のセックスに対する両価的感情は、彼女の現実の一部を表しており、彼女の問題に深い関わりをもち、援助という目的をもって話し合われるべきテーマだからである。また、ケースワーカーは、仮出獄者が法律や法律機関、過去の入獄、あるいは仮出獄者取り扱い規則などに対して否定的態度を示すとしても、それらを受けとめるべきである。むろん、ケースワーカーは関係法規に束縛されてはいる。しかし、そのようなクライエントの否定的態度も、彼の問題を構成している一部なのである。したがって、援助を進めるためには、それらの態度は表現され、明確化され、整理されなければならない。さらに、ケースワーカーは、わが子を拒否する母親が自分は良い母親であり、子どもの問題に何ら責任はないと訴えるときでも、それを受けとめなければならない。彼女は、自分の母子関係に健康とはいえない側面があることを自ら発見する援助を求めているからである。

以上のように考えると、「クライエントを受けとめる」という表現は、われわれがもっている援助技術を表している一つの専門用語である。ケースワーカーが受けとめる対象は現実である。すなわち、ケースワーカーはクライエントをあるがままの姿で捉え、あるがままの現実に係わろうとする。ケースワーカーとクライエントの両者は、望ましい側面と望ましくない側面、肯定的感情と否定的感情、受け入れられる態度・行動と受け入れがたい態度・行動など、クライエントのありのままの現実を把握しなければならない。そうしなければ、ケースワークは、非現実的で見せかけだけの状況をつくり出してしまう。医師が患者の健康状態に関するあらゆる情報を受けとめるのと同じように、ケースワーカーもクライエントの心理・社会的健康状態に関するいかなる情報も受けとめるのである。

## 7　クライエントに対する敬意を失うこと

クライエントは、自分の弱さや失敗経験を語ったり、そのような現実を自ら直視するとき、自分をダメな人間と見なしたり、人としての尊厳や価値を見失いやすくなる。そして、このクライエントに係わるケースワーカーまでがクライエントに対する尊敬の念を失ってしまえば、クライエントは、自らの尊厳と価値を実際に見失ってしまう。ケースワーカーの敬意を失った態度は、クライエントに必ず伝わるものである。

クライエントを受けとめるというケースワーカーの態度は、人は誰も神との関係において生まれながらの尊厳と価値を備えており、その尊厳は、個人の弱点や失敗によって決して損なわれるものではないという哲学的な確信から生まれたものである。だが、その確信や人間の価値の感情は見失われることもある。ケースワーカーがクライエントに対して敬意を失ったならば、クライエントも自らの人間としての尊厳や価値を見失ってしまう可能性がある。

クライエントを受けとめるためには、ある種の愛が必要である。この真の愛のなかでこそ、二人の人間は互いに知り合うことができる。つまり二人は、この愛のなかでこそ、それぞれの弱さと健康さ、成功と失敗など、互いにありのままの姿を理解し合うことができる。そして、弱さや失敗を知り合ったとしても、互いの尊敬の念は維持されるばかりでなく、むしろ高められるのである。おそらく、二人が互いの弱さを理解することにより、かえって互いの尊敬の念は高まるのであろう。しかし、このような愛と相手を受けとめる態度は、敬意の喪失とともに消滅する。他者が生まれながらもっている尊厳と価値を認識して、他者に敬意をはらうという人の営みは、人間の内的態度である。援助の専門家は、この内的態度をもつよう求められている。この内的態度は、自己理解と人生哲学を追求するケースワーカーの努力を通して獲得されるものである。

## 8　クライエントに過剰同一視すること

クライエントを受けとめ、良好な援助関係を形成する作業は、クライエントに係わり、彼の問題を援助しようとするケースワーカーの情緒あるいは感情によって進められる。つまり、このような情緒的反応が、ケースワーカーのクライエントに対する同一視を形成するのである。そして、ワーカーのクライエントに対する同一視は、援助の効果を高めるために必要である。しかし、援助関係を構成する他の要素と同じように、クライエントに対する同一視にもさまざまなレベルがある。また、他のあらゆる望ましいものと同様に、同一視はそれが過剰なものとなれば、かえって望ましくないものになってしまう。

過剰同一視は、やはりケースワーカーの自己理解の不足が招くものである。自己理解が不足したケースワーカーは、ワーカー自身の人生がかかえているのと似たテーマをクライエントのなかに見つけ、それにこだわり、クライエントのニーズを満たすためにではなく、自分自身のニーズを満たす方向で反応してしまう。そのようなケースワーカーは、クライエントのある種の情況に強く巻き込まれ、その情況に対する責任を背負い込んでしまうこともある。また、多くのケースワーカーは、クライエントがある人や何らかの状況から不当な行為を受けている事実を知ることがあるが、このとき、自己理解の不足したワーカーは、自分が不当行為の犠牲者であると無意識のうちに感じてしまう。過剰同一視は、親を敵にして、子どもの味方になったり、夫を敵にして妻を味方にしたり、あるいは、福祉機関を敵にしてクライエントを味方にするという事態を引き起こしかねない。このときも、このようなケースワーカーは、どちらか一方の味方にしかなれないという事態を引き起こしてしまう。さらに、自己理解の不足したワーカーは、愛情を求めるワーカー自身のニーズをクライエントによって満たそうとすることさえある。このようなクライエントに対する過剰同一視は、決して専門的援助ではない。ケースワーカーが、自分のニーズや問題とクライエントのそれとをまったく混同しているにすぎないのである。

つまり過剰同一視は、その動機がどのようなものであるとしても、ケースワークに盲点をつくり出し、現実の事態を捉えられなくし、その結果、援助の有用性を危機にさらすのである。

クライエントは、ケースワーカーの受けとめる態度に対して、主に二つの反応ないし変化を示す。クライエントは、ワーカーの受けとめる態度に接することによって、拒絶されるのではないかという不安や恐れから解放されてゆく。そして彼は、援助関係が深まるにつれて、心の奥底に押し込めた感情や態度、あるいは価値観から自分を守る必要はないと感じるようになる。むろん、彼はそれだけで困難を克服できるわけではない。しかしそのような変化は、クライエントが彼自身と他者に対してもっている秘めた感情を自ら洞察し、建設的に困難に直面してゆく過程を支えることになる。

またクライエントは、ケースワーカーの受けとめる態度に接することによって、援助関係に自ら参加するようになる。また、ワーカーが聴きたいと思っていることだけに配慮せず、自由に自分の意見や感情を表現してよいという感覚をもつことができるようになる。この感覚が援助関係をいっそう深めてゆく。またこの感覚が、クライエントの安全感をより強め、クライエントと彼がかかえている問題に関する情報をケースワーカーに提供するように励まし、さらに、一時的な障害によってつくり出されたクライエントの不安を和らげてゆくことになる。つまりクライエントは、ワーカーから受けとめられていると感じることによって、自己に対する尊敬の念を失うことなく、限界をもち失敗を重ねてきた彼自身を語ることができるようになるのである。

原則5

# クライエントを一方的に非難しない（非審判的態度）

旧約聖書時代のヘブライ人や新約聖書時代のキリスト教徒は、仲間を裁いてはならないと教えられた。「あなた方は彼にひいきしようとするのか。神のために争おうとするのか」（ヨブ記　十三の八）。「人を裁くな。あなた方も裁かれないようにするためである」（マタイによる福音書　七の一）。「したがって、もう互いに裁き合わないようにしよう」（ローマ人への手紙　十四の十三）。「律法を定め、裁きを行なう人は、お一人だけです」（ヤコブの手紙　四の十二）。

精神医学とソーシャルワークは、これらの戒律の意味を深く認識し、困難をかかえる人を治療ないし援助するとき、その人を裁いたり、非難したりしないという考え方を重視している。しかし不幸なことに、精神医学のある学派では、この原則を偏って強調するあまり、人の出来事において何が正しく、何が誤りであるかを多面的に判断することまで否定してしまっている。ソーシャルワーカーがクライエントを一方的に非難しない態度を採用することは、人間の行動をいろいろな角度から判断する努力をやめることではない。クライエントを非難しないという態度は、多面的に人や物事を判断する努力と両立するものである。ケースワーカーがクライエントを一方的に非難しないという態度は、つぎのように定義することができる。

クライエントを一方的に非難しない態度は、ケースワークにおける援助関係を形成する上で必要な一つの態度である。この態度は以下のいくつかの確信にもとづいている。すなわち、ケースワーカーは、クライエントに罪があるのかないのか、あるいはクライエントがもっている問題やニーズに対してクライエントにどのくらい責任があるのかなどを判断すべきではない。しかし、われわれはクライエントの態度や行動を、あるいは彼がもっている判断基準を、多面的に評価する必要はある。また、クライエントを一方的に非難しない態度には、ワーカーが内面で考えたり感じたりしていることが反映され、それらはクライエントに自然に伝わるものである。

「審判する」(judging) という言葉の基本的な意味は、人の犯したあやまちが有罪であるか無罪であるかを決めることである。つまり、審判を下す過程では、その行為が意図的に行なわれたか否か、またその行為が責められるべきか否かが追及される。

われわれが、ケースワークのなかでクライエントを審判するとすれば、それはクライエントが問題をかかえて援助を求めている状況に対して、クライエントに責任があるという非難を直接言葉で、あるいは無言で伝え、彼を一方的に問責することである（その問題が環境によるものであろうと、性格によるものであろうと）。具体的にいえば、そのような行為は、ケースワーカーが補助金を申請する高齢者を、死ぬまで浪費をつづける人であると決めつけるようなものである。また、未婚の母親をモーゼの十戒の六番目の戒律を犯した犯人であると一方的に判定するようなものでもある。さらに、仮出獄中の人を市民法を犯した人であると一面的に決めつけたり、育児を拒否する母親を身勝手な女性であると判断したり、精神病者の身内の人を本人を病気に追い込んだ犯人であると非難したり、あるいは子どもを里親に預けている人を親の失格者であると決めつけるようなものである。

クライエントを援助する際に、彼らの失敗や弱さをきちんと理解することは必要である。しかしケースワーカーの役割は、それらについて審判を下し、彼らを一方的に非難することではない。審判を下す権利や権力は、法で定められた権威者にのみ与えられている。したがって、その権利をもたない者が審判するとすれば、それは基本的人権を侵すことである。むろん、社会福祉機関が初めから何らかの権力をもっている場合もある。しかし、そのような場合でも、ソーシャルワーカーのもっている権威は、警察官がもつ権力と同じである。つまり、われわれは警察官と同様に、クライエントが法律に違反しているかどうか、また彼らが道徳に反しているか否かを裁いてよいだけの権威はもっていないのである。

多くのソーシャルワーカーは、人を裁いたり審判したりすることが筋違いで冷酷な仕打ちであり、援助を危険にさらす行為であることをよく知っている。これまで、われわれはこのような認識にもとづいて、隣人愛を大切にし、物事を前向きに捉えようとしてきた。そして、そのような態度をもつことによって、ソーシャルワークは基本的な理念を構築してきたのである。ソーシャルワークの初期、援助者はクライエントを「援助する価値のあるクライエント」と「援助する価値のないクライエント」に分け、この区別によって、援助を提供するか否かを決定していた。すなわち、当時クライエントの困難に対して、クライエント自身にどの程度責任があるのかが厳しく追及されていた。クライエントが自分の責任を果たさないために困っていると審判されれば、援助の手をさしのべてもらうことは難しかったのである。ソーシャルワークが当時、このような理屈によって援助の可否を決定していたのは、人の誤ちは罰しなければ、必ずその行為を繰り返すという誤った理解をもっていたためである。同じように、道徳にはずれた行為は、屈折した思考の結果であるとか、冷酷に計画された悪巧みの結果であるなどという考え方も存在していた。しかし今日のソーシャルワークは、罪は愛すべきではないが、罪人は愛することができるというキリスト教の教えを受け入れている。「援助する価値があるかないか」ではなく、援助を必要としているかどうかが、公私のサービスを受ける基準になっている。つまり、今日のソーシャルワークは、われわれがクライエントに対して反感や嫌悪感に支配されてしまえば、援助関係がもっている治療的な効果は損なわれてしまうという理解を共通してもっているのである。今や、われわれは罪を憎むとしても、罪を犯した人までも憎むべきではないという考え方を採用している。すなわち、ソーシャルワーカーの役割は罪を罰することではなく、援助を提供することである。

ケースワーカーは、クライエントが自ら問題を解決したり、より良く生きてゆけるよう援助するために、地域社会の資源とクライエントの可能性を活用する必要がある。またそのために、クライエントのニーズや問題を理解しなければならない。さらに、ケースワーカーは援助を効果的に進めるために、クライエントがかかえている問題の原因がどこにあるのかを理解しなければならない。しかし、これらを理解する過程で、クライエントが有罪か否かを裁いたり、クライエントあるいはそれ以外の人びとがその原因をつくった犯人であると決めつけたりしてはならない。

## クライエントのニード

社会福祉機関に援助を求めるとき、クライエントは、自分が取るに足らない、弱い、そして挫折しかねない人間という感情をもっている。あるいは、自分が情けないという感情ももっている。これらの感情がどのくらい強いかは、クライエントによってさまざまである。また、人が社会福祉機関を訪ねることは、その人が自分の生活のある部分に対して、自力で対処することができなくなっている事態におかれていることを意味している。そして、多くの場合、福祉機関に援助を求めなければならない人は、それにともなって、さまざまな苦痛を味わっているものである。

彼らの苦痛の一つは、非難されるのではないかという恐れである。この恐れの背景には、クライエントを理解する努力もせずに、しかも非難する資格のない人から、失敗を裁かれたり非難されたりした苦い経験があるだろう。そのような体験をもっていればなおのこと、クライエントは社会から批判されたり、問責されたりしないかと強く恐れる。クライエントは初め、ケースワーカーをそのような社会の代表者と見なしているのである。したがって多くの場合、クライエントは自分が裁かれないよう防衛して、非難される恐れを除去しようとする。そしてこの不必要な防衛が、クライエント自身や不適応に陥った原因を客観的に見つめる作業を困難にさせているのである。

ケースワーカーは、言葉を用いるにせよ、あるいは言葉を用いないとしても、一方的にクライエントを非難すべきではない。クライエントは情緒的に敏感で、いろいろな罪悪感を抱いているため、必ず（ワーカーの）無言の審判的態度が伝わってしまうだろう。われわれが非難する態度を言葉にしないとしても隠し通すことは難しいのである。つまり、ケースワーカーが非難する態度をもっていれば、それを言葉に出さなくても、クライエントはそれを敏感に感じとるものである。

また、クライエントが非難・問責されると恐れているかぎり、彼は心を開いて安心して、あるいは自由に、自分自身を表現しないものである。クライエント自身の情況や彼のパーソナリティに関する問題点などは、彼のかかえる問題の一部であるが、彼は非難される恐れをもつ限り、それらを他者へさらけだすこともしないだろう。自分にとって、それらの情報が何らかのかたちで不利になるよう利用されないかと恐れるからである。彼は、非難されることに極度に敏感になっているかぎり、ケースワーカーの反応を恐れ、さらけだして話してもよいことと、隠していたほうがよいことの区別もつかなくなってしまうだろう[1]。

クライエントは、ケースワーカーが伝える褒め言葉や承認などの判定からも影響を受けるものである。クライエントは、ワーカーの褒め言葉などに対して、このワーカーは条件次第で自分を受けとめてくれる人ではないかと感じたり、好意的に審判されたことをただ運が良かったにすぎないと感じてしまうだろう。あるいはクライエントは、ワーカーの褒め言葉を聞いて、ワーカーが望ましいと考える姿で自分の上辺だけをつくろい、ワーカーの機嫌をとろうとするかもしれない。結局、非難することも褒めることも、同じ影響をクライエントに及ぼすことになる。どちらも、クライエントに彼のある側面を隠蔽させるよう影響するのである。

クライエントは、ケースワーカーが自分を非難したり、褒めたりすることにまったく興味をもっていないと分かってくるにつれて、自分を防衛する必要性を感じなくなってゆく[2]。クライエントは、当初もっていたケースワーカーの親しげな接近態度に対する疑念を和らげ、ワーカーは自分を傷つけるために質問をしているのではなく、援助しようとしているのだと確信するようになる。そして、彼はケースワーカーの非難しない態度を確認して、恐れずに自分を表現できるようになってゆく。さらに、彼は自分を生きる価値のある人間であると受けとめられるようになり、その結果、自分が本当に必要としていることやかかえている問題の真の原因について、ワーカーとともにいっそう深く話し合うことができるようになってゆく。また、彼はケースワーカーが醸し出す非難・叱責しない雰囲気を爽快な空気のように吸い込みはじめ、彼自身を多面的に見つめる強さを身につけていく。あるいは、ありのままの自分や、自分の目に映るそのままの自分を面接のなかで語りはじめたり、前向きに変化していくためにやらなければならないことを実行に移す強さを身につけてゆく。

## 価値と基準は必要である

ただし、ケースワーカーが一方的にクライエントを非難しないという態度と、われわれが社会的・法的・道徳的な基準に無関心でいることとを混同すべきではない。非難しない態度と価値基準の体系を無視したり拒んだりすることとは、まったく別なのである。

この二つを明確に区別しておくことは重要である。すなわち、ケースワーカーは、クライエントが有罪であるか否かを審判すべきではないが、クライエントが採用している態度や価値判断の基準、あるいは彼の行動については、多面的に評価すべきである。クライエントは、一方的に審判されれば傷つくだろう。しかし、自分が非難されるのではなく、多面的に評価されるのだと分かれば、必ずしも傷つけられたとは感じない。ケースワーカーがクライエントの行動を評価する動機や目的は明確である。クライエントを裁くことではなく、理解することが目的である。ケースワーカーは、クライエントの行動が社会の一般的な基準や価値観とどの程度異なっているのかに関心をもつべきである。ただし、その関心は、クライエントに難癖や言いがかりをつけるためのものであってはならない。ケースワーカーは、クライエントが現在や将来にわたって、より良く生きられるよう援助する一環として、彼らの現実を理解しようとするのであり、そのためにクライエントの行動に関心を寄せるのである。ケースワーカーがしっかりとした診断的な評価を行なうためには、クライエントの自我の強さと弱さ、あるいは彼が現実に適応する際にいかなる葛藤をもちやすいのかなどを理解する必要がある。

クライエントが採用している価値や判断の基準は、彼の現実を構成する一部である。したがって、われわれは彼が採用している価値や判断の基準を評価する努力と、クライエントを非難しない態度とを両立させることができるのである。また、クライエントのもっている価値や判断の基準を多面的に評価する態度は、ケースワークの援助に欠かせないものである。この考えが正当であることは、以下にのべる三つの理由を確認すれば自ずと明らかである。

第一に、ケースワーカーはソーシャルワーカーとして、社会的な責任を負っているという理由がある。つまり、公的機関で働いていようと、民間機関で働いていようと、ケースワーカーは地域社会の代理人であり代表者である。ワーカーは専門家として、社会的、法的あるいは道徳的基準を重視する役割を担っているのである。神への信仰を基盤としている社会では、そこで大切にされる基本的な価値観や法律にしたがって、個人を援助することがケースワーカーの役割である。

第二に、社会に背いたり、法律を無視したり、道徳に反したりするクライエントの態度が、彼がかかえている問題の中核である場合が少なくないという理由がある。この場合、ケースワーカーはクライエントの価値観や判断基準に関心をもっていなければ、クライエントを援助することはできない。たとえば、罪の意識をもち、それを告白した未婚の母親に対して、ケースワーカーが「結婚というものは、結局、社会的なしきたりにすぎないのです」と安直に答えることは、現実的ではないし、役にも立たない。あるいは、その答えが逆にクライエントを傷つけることもある。その答えが現実的でないのは、結婚についての価値基準が明確な社会のなかでクライエントが生活している現実を、ワーカーが見落としているからである。また、その答えが役に立たないのは、現実の状況を否定してみても、彼女を罪の意識から解放することはできないからである。さらに、その発言がクライエントの心を傷つける理由としては、つぎのような理由が考えられる。つまり、クライエントはワーカーの発言に含まれている価値基準を、自分が信じる価値基準とは異なると感じるために、受け入れられないからである。また、クライエントは、そのようなケースワーカーの発言を聞き、ワーカーが彼女の問題を適切に理解していないと感じ、ワーカーを十分に信頼することができなくなるからである。最悪の場合、彼女がそのようなワーカーの忠告を真に受けてしまえば、何度も同じ間違いを繰り返してしまう危険もある。刑の執行を猶予されている人、仮出獄者、性犯罪者といった人びとを犯罪から守るために、保護的なケースワークを行なう際には、クライエントが適切な価値の基準に沿って、自ら目標に到達するよう援助することが重要である。もちろん、他のさまざまな援助においても、適切な基準に沿った援助目標を立てることが重要である。

第三に、ケースワーカーはいろいろな基準をもったクライエントに対応する際に、自分のもっている価値基準と対立するようなクライエントの基準に沿おうとするあまり、ワーカー自身のパーソナリティの統合を危うくする必要はないという理由がある。ケースワーカーは、クライエントが人間としてあるべき姿に反するような行動を採用しているときに、自分の信じる哲学を曲げてまで、クライエントの価値基準のうちに踏みとどまる必要はない。また、ケースワーカーが、異なるクライエントを相手にするたびに、いちいち自分の基本理念を変えることも不可能である。ケースワーカーはつねに自分に率直で、忠実であってよい。ワーカーは、個人としても専門家としても、自分の社会的、道徳的、精神的な価値観を維持する権利をもっている。(3) しかし、このことは、ケースワーカーがクライエントに対して道徳的な見本となるべきであり、自分の倫理観をクライエントに押しつけるべきであるとのべているのではない。ケースワーカーは、すべての人が自分の良心にしたがう権利をもっていることを認識すべきである。この考え方は、多くの事例に当てはめることができる。ただしクライエントのなかには、自分勝手な解釈を行ない、反社会的な行動や不法な行為を犯してしまう者がいないわけではない。そのような場合、ケースワーカーは、ケースワークにふさわしいやり方で、そのクライエントの自己決定を制限すべきである。

ケースワーカーが、クライエントが採用している行動や判断の基準を容認できない場合、はたして容認できないという自分の判断を言葉にしてクライエントに伝える必要があるだろうか。その答えは、クライエントのパーソナリティの強さによって異なる。もし、クライエントが自分の行動に関して健康な基準を受け入れる能力を損なっていなければ、そこに葛藤があるとしても、ワーカーはその判断を言葉で伝える必要はない。多くの場合、そのようなクライエントは、ワーカーと良い援助関係が形成されているという安心感をもっていれば、自ら彼自身をいろいろな角度から見つめることができるようになるものである。しかし、クライエントが生活のなかで生じている緊張を和らげるために、客観的に健康と思われる行動の基準をあえて無視するようであれば、ケースワーカーは彼の行動に対する評価をきちんと言葉で伝える必要があるだろう。診断と援助関係が適切なかたちで形成されていれば、クライエントの逸脱行動を指摘したり、その行動の意味を解釈したりする援助はしばしば必要なのである。

ケースワーカーがこのような難問を扱うためには、価値や判断の基準の一般的な本質をしっかり理解しておく必要がある。これらを理解する「ものさし」は、その一方の端に本質的に重要な価値が置かれ、逆の端には比較的重要でない価値が配置されているような尺度である。そして、二つの端のあいだに多くの目盛りが配置されている。つまり、その「ものさし」は、法律や道徳を守るなどの重要な価値観が一方の端に置かれ、逆の端には、あまり重要ではない家事の進め方などに関する価値観が置かれているような尺度である。家事をどのように進めるべきかなどの価値観には、個人的な好き嫌いがあってよいのである。

## 非難しない態度と情緒的要素

クライエントを一方的に非難しないという態度は、クライエントを裁くことが人間の基本的な権利を侵害し、援助を損なう恐れをもっているという、ケースワーカーの内面にある確信から生まれるものである。ケースワーカーがこの確信を援助関係のなかで生かすには、物事を深く考える力と豊かな感受性をもつ必要がある。この確信は単に知識のレベルだけで育つものではない。

なぜなら、この確信は単なる知的確信ではなく、いっそう本質的な確信だからである。クライエントは援助のなかで、自ら自分の問題に直面する必要がある。しかしそのとき、彼は思考と感情の二つのレベルで、ケースワーカーから非難されるのではないかと恐れている。人間がもっている本質を参照すれば、彼の恐れが理にかなったものでないことは明らかである。したがって、ケースワーカーは、クライエントが感じている短所が実際のものであろうとなかろうと、それについて彼が抱いている感情のレベルに対して豊かな感受性をもたなければならない。つまり、思考のレベルだけで対応するのでは不十分なのである。ここで、援助関係を形成する一つの要素である、援助者は自分の感情を自覚して吟味するという原則を思い起こしてみることが役に立つ。ケースワーカーがクライエントを非難しない態度を知的レベルだけで大切にするとしても、それだけではクライエントに十分安心してもらうことはできない。なぜなら、そのようなワーカーは知的レベルだけに頼るため、クライエントが非難されることについてどのように感じているかを感じとることができないし、援助が進行するあいだにクライエントが急に非難される恐れをもつときにも、その感情を感知することができないからである。ケースワーカーの非難しない態度は、クライエントの感情に伝わらなければ役に立たない。ケースワーカーがその態度を自らの感情のなかに組み込んでこそ、クライエントは初めてワーカーの態度を自らの感情のレベルで受信することができるのである。

どのようにすれば、ケースワーカーは非難しない態度を自分の感情のなかに組み込むことができるだろうか。この問いに適切に答えようとすれば、ケースワークにおける援助関係を全体として議論し直さなければならない。なぜなら、援助関係全体のなかから、非難しない態度だけを取り出そうとしても、概念として取り出すことしかできないからである。しかし、先の問いの答えを見つけるために、二つの種類の理解を進めることが役に立つと思われる。すなわち、ケースワーカーが自己理解を進めること、そして非難されることに対するクライエントの感情への理解を進めることである。

ケースワーカーの自己理解は、大変狭い範囲でしか理解されていないように思う。つまり、一般に自己理解といえば、ワーカーの望ましくない傾向や改善すべき点を矯正することであると、狭く捉えられている。しかし自己理解は、われわれが人間性や人間行動を積極的に学ぶチャンスでもある。大学における講義や文献講読、あるいはスーパービジョンの経験は、人の行動が相手にどのような影響を及ぼすかを学ぶ情報源ではある。しかし、われわれは自分や自分の経験を検討するようになるにつれて、スーパービジョンなどの体験を、より豊かな学習を進める機会にすることができるようになる。たとえばケースワーカーは、自分や多くの人が誰かから裁かれるときにどのように感じるものであるかを理解するようになれば、クライエントが同じ情況に置かれたとき、いかに感じるものであるかをいっそう深く理解することができるようになる。このように、われわれはスーパービジョンなどの経験を通して、自分自身の生活体験や人間関係をふり返って検討することで、情緒の要素を含む審判についての確信を育てることができるのである。たしかに、人間性に関する知識は、今後とも純粋な知的ないし学問的レベルのなかに、確固たるものとして蓄積されてゆくだろう。しかしケースワーカーは、しっかりと自分の内面にある感情を見つめることによって、それらの知識を確かめ試さなければ、それらの知識は役立たずに終わってしまう。結局、ケースワーカーも人間であり、ワーカー自身も研究対象なのである。つまり、ケースワーカーもクライエントと共通する人間としての本質をもっているのである。

ケースワーカーが非難しない態度をきちんと自分の感情のなかに組み込むためには、クライエントの感情に対する豊かな感受性をも育てなければならない。とくに、クライエントのもっている裁かれる不安や、依存・敗北・失敗などにともなう罪悪感に対する感受性を豊かに育てる必要がある。いかなるクライエントの問題も心理・社会的性質をもっている。したがって、たとえクライエントが物質的援助を求める場合でさえ、彼は援助に対して不快を感じているものである。それらの不快感は、援助の初期により強く隠されている。しかし、それらは援助の過程全体に存在するものと考えられる。ただしケースワーカーは、クライエントがそれらの感情を言葉で表現しないとしても、クライエントの口調、話しにくそうな態度、あるいは沈黙、表情や目つき、手ぶりや身ぶり、さらに態度全体を通して、彼らの苦痛を読みとることはできる。むしろ、言葉によらない表現のほうが、より正確にクライエントの感情を伝えてくれるものである。ケースワーカーは、これらの言葉によらない感情表現を観察し、その意味を理解してこそ、クライエントの感情に沿って援助を進めてゆくことができるのである。

## 非難しない態度を伝えるということ

ケースワーカーは非難しない態度をクライエントにきちんと伝える必要がある。しかし、この態度を伝えるためのトリックやまじない、あるいは決まり文句があるわけではない。あるいは、このように表現すればよいという決まった言葉があるわけでもない。たとえば、「私はあなたを裁こうとはしていません。しかし、あなたの役に立つために、あなたの問題とあなた自身についてもっと知りたいのです」と話せばよいというものではない。むしろ、われわれの態度は、主に面接の雰囲気や進め方を通して、クライエントに伝わるものである。むろん、われわれの態度を言葉で伝えることが有効な場合もある。しかしこの場合、われわれが心の底からその態度を大切にしていなければ、その伝達は有効なものにはならない。ケースワーカーが本心から非難しない態度を重視していなければ、いくら言葉を多用しても、クライエントには伝わらないものである。

初回面接はとくに重要である。初回面接では、クライエントが自分の問題について緊張せず、安心して話すことができるよう援助し、彼が自ら援助計画に参加してゆくための土台を築く必要がある。ケースワーカーがこのような初回面接の重要性を認識していれば、クライエントは彼らしいやり方で話してよいのだという感覚をもちはじめ、やがてケースワーカーが自分に敬意をはらってくれる人であると気づいてゆく。しかしこのことは、ケースワーカーが初回面接のときから、すでに非難しない態度をしっかりと身につけていなければならないということではない。ワーカーの非難しない態度は、援助関係を形成するすべての過程を通して、深まってゆくものである。

偏見は、ケースワーカーが非難しない態度をクライエントに伝える上で障害となる恐れがある。あらゆる人と同じように、いかなるケースワーカーも、多かれ少なかれ、何らかの偏見や先入観をもっている。また、それを意識するかしないかにかかわらず、それぞれのワーカーには好きになれないパーソナリティのタイプがあるだろう。われわれにとって、好きになれないクライエントや偏見を向けているクライエントを非難しないことは難しいのである。われわれは援助を効果的に進めるために、クライエントを好きになる必要はない。しかし、偏見からは解放されるべきである。つまりケースワーカーは、自分のなかにある偏見を自覚し、それをコントロールし、ありのままに客観的に見なければならない。あるいは、クライエントを偏見という色眼鏡を通してみるのではなく、彼らを主観的でなく多面的かつありのままの姿で捉えなければならない。

ケースワーカーは、機が熟さないうちに、クライエントがかかえている問題に対して「分かったふり」をしてしまうことがある。そのような「分かったふり」はほとんど誤りである。ワーカーのこのような「分かったふり」は理解を妨げ、加えて、クライエントはワーカーに対して話をする気持ちをなくしてしまうだろう。またクライエントは、そのワーカーに対して、結論をあわてて導こうとする人であるとか、一方的に決めつけたがる人であるという印象をもってしまうだろう。これと同じように、クライエントは忙しそうに立ち働いているケースワーカーにも、話をするのをためらうものである。

ケースワーカーが、クライエントを他のクライエントと比較したり、あるいは別のクライエントの実例をもち出して説明するような行為もやめたほうがよい。クライエントは、ワーカーのそのような行為に対して、自分が一つの枠や典型のなかに押し込められていると不安になるものである。多くの場合、クライエントは他のクライエントと比較されることを好まない。また、多くのクライエントは、自分がある枠や典型例にはめ込まれると感じれば、ワーカーが自分を型通りに判断を下し、分類していると感じとるものである。

クライエントがケースワーカーに敵意などの否定的感情を表現することも、ワーカーの非難しない態度を妨げることになりやすい。クライエントは、彼がもともと過去の生活で体験した感情を、ときとしてケースワーカーに向けて表現することがある。これが転移（transference）である。ケースワーカーは、クライエントのこのような防衛機制に気づき、その意味を理解しなければ、非難しない態度を維持することは難しい。しかしケースワーカーは、クライエントの否定的感情がそのクライエントを理解する手がかりであることに気づくことができれば、クライエントに対して脅える必要はなくなるし、専門家としての役割に対して確信をもつこともできるようになる。そして、攻撃的なクライエントに対しても、非難しない態度を維持し、その態度を伝えることができるようになる。

原則6

# クライエントの自己決定を促して尊重する(クライエントの自己決定)

ケースワーカーは哲学を本業としているわけではない。また、哲学者を目指しているわけでもない。しかしケースワーカーの仕事は、きわめて具体的かつ密接なかたちで人びとの人生や生活のなかに入り込んでいく。そのため、人間の生活にとって切っても切れない哲学の主題に深く関わることになる。

ソーシャルワーカーたちは、自分たちの実践が何によって成立するのかを検討するとき、実践を考える上で重要な意味をもつ哲学的な思索に駆り立てられることになる。自己の本質とは何か。また、他者の自己とは何か。そして、現実の本質とは何か。あるいは、意識、決定論、科学、理性、そして意志の働きの本質とは何か。ソーシャルワーカーは、このような疑問を避けて通ることはできない。

なぜなら、われわれは人びとに働きかける技術者であり、その人びとは社会という世界、変化する世界、継続性をもつ世界、そして習慣をもつ世界に住み込んで生きているからである。(1)

今日、ソーシャルワークという専門職業がもつにいたったもっとも確固たる信念は、人は自己決定を行なう生まれながらの能力を備えているという考えである。また、それゆえ、ケースワーカーがクライエントの自由を意図的に、あるいは故意に侵すことは、クライエントの生得の権利を侵すばかりでなく、ケースワーク臨床そのものを破滅させる反専門的行為であるという考えである。これらの信念は、ここ三十以上の年月をかけて、少しずつ発達してきたものである。

かなり以前、一九二〇年ころまでは、ケースワークはイギリスの救貧法がもっていたクライエントに対する態度を放棄し、忘れていた。救貧法時代のイギリスでは、いかなるクライエントも自分の人生を自ら生きる、神から与えられた、また他人に譲渡することのできない権利をもつ人間として認められていた。たとえ、それまで誰かに依存しきって生きてきたクライエントであったとしてもである。

一九二〇〜三〇年のあいだに、クライエントがケースワークの決定や選択の過程に積極的に参加する権利とニードをもっていることが広く認められるようになっていった。この認識は、すべての人は生まれながら自由に行為することができるという信念から生まれたものであった。いい換えれば、この認識は民主的な生活の概念が育てたものである。またこの認識は、クライエントが自分で選択し決定したときにだけ、ケースワークは効果をあげることができるという具体的かつ経験的な観察によって確認されたものでもあった。しかしこの時期に、クライエントに対する古くさい文化的態度が完全に消え去ったわけではなかった。「クライエントが治療計画に参加する」という言葉は、その当時あくまで最高の理想像として、クライエントの自由を表現した言葉であった。すなわち、すべてのケースワーカーがこの理想に賛同していたわけではない。口では賛意を表明しながらも、理想を実際に適応することは困難であり不可能であると考えるワーカーも少なくなかったのである。当時の社会経済状態、とりわけ読み書きができない移民が多数存在していたこと、また三〇年代初頭、経済が不況であったこと、さらに、一般大衆がケースワークを理解していなかったことなどが、民主主義の理想が広まることを困難にしていた。あるいは、当時はスピードを求める時代であったが、クライエントがケースワーク過程に参加することは、援助過程の進行を複雑化し、進行のスピードを鈍らせる事態を招くことになるという反対意見もあった。また、クライエントの自由という理想は、現実に合わせた形で修正されていなかったため、過重な負担を抱えたスーパーバイザーとケースワーカーは、それを実践レベルで活かすことができなかった。クライエントの自由という理想は、福祉の仕事では、比較的新しいものだったからである。

一九三〇~四〇年の十年間に、クライエントの自由という概念は徐々に洗練され、自由に関する多くの問題が具体的に明らかにされるようになった。たとえば、クライエントの権利は、単に「参加」(participation)にとどまるものではないこと、援助計画の主たる責任はケースワーカーからクライエントへ移すべきであることなどの考え方が現れた。そして、これらの考え方は「セルフ・ヘルプ」とか「クライエントが自分で計画し決定する」(making his own plans and decisions) などの言葉で表現されるようになった。この時代、ケースワーク全体の潮流がクライエントの自由という概念を成長させ、発達させたのである。ケースワークが大事にすべきことは、診断ではなく治療であると考え方が変わり、同時にクライエントが自ら選択し、計画を立てることが治療の手段であり目標でもあると見なされるようになった。また、クライエントが自分で援助計画を立てることは、彼自身の成熟の助けにもなり、彼自身が自ら成熟度を測る機会でもあると考えられるようにもなった。あるいは、当時、多くのケースワーカーが援助関係に対して活発な関心をもちはじめていたが、このこともクライエントの自己決定の概念を発達させる上で大きな役割を果たした。なぜなら、クライエントの自己決定を尊重することは、援助関係を形成する上で不可欠な一つの要素と考えられるようになっていたからである。さらに、大不況の到来とともに、ケースワーカーと同じ社会・経済階層出身の生活困窮者が出現したり、ケースワーク・サービスに対して料金を支払うことのできるクライエントが現れたりするなどの新たな社会状況が、クライエントの自己決定という概念の現実的な必要性をいっそう強調する結果をもたらしたといえる。

しかし、この時代、ケースワーカーはクライエントの自由について、現実的かつ具体的な側面について主に関心をもち、この概念を理論化しようとする強い関心をもっていたとはいえない。したがって、議論はケースワーカーがクライエントの自由に対してどのような具体的機能をもつべきかということを中心に進められた。それでも、この時代がクライエントの自己決定という概念をもっとも発達させた時期である。この時代の最大の貢献は、ケースワークにおける理想と現実とのあいだに均衡をもたらしたことであろう。自己決定を促して尊重するという原則は、この当時から広く認められるようになったのである。ただし当時から、この原則は各クライエントの能力に応じて適応すべきであると考えられていた。つまり、すべてのクライエントが同等に自己決定できるとは考えられていなかった。こののち、クライエントの自由は市民法や道徳法によって、また社会福祉機関の機能によって、制限されるべきか否かが、長い期間ケースワークの文献において議論されてゆくことになる。ところで、この時期はケースワークの自己反省、自己批判の時代でもあった。すなわち、ケースワーカーたちは、クライエントの自由に関して、実践上の怠慢や失敗をおびただしく文献に記述した。たしかに、それ以前の十年間と同様に、この時代にも現実の実践と理想とのあいだにギャップは存在していた。しかし、すでにギャップはそれほど大きなものではなく、急速に解消されつつあった。

一九四〇〜五〇年の時期に入ると、クライエントの自己決定という理想を、日常の臨床のなかにどのように具体的に組み込むかという検討が課題となった。ソーシャルワークの専門誌は、ケースワーカーがさまざまな状況（公的・私的機関、権限をもつ機関ともたない機関など）において、いかに理想を具体化しようとしているかという報告を論文として掲載した。これらの論文を通して、機関のもつ権威とクライエントの自己決定とは矛盾し合うものではないという議論が蓄積されていった。

このころのケースワークは、当時の世界の状況と同じように多くの深刻な障害をかかえていた。しかし、専門職業としての進歩は継続されたのである。世界大戦と戦後の状況がケースワーク・サービスの早急な再整備を求めてはいたが、心理学と精神医学からの影響がクライエントの自己決定の原則を確立する妨害要因に対してバランスをとる役割を果たしたばかりでなく、過去二十年間に発達してきたケースワークの議論を維持させ、発達させたのである。そして、今日ではクライエントの自己決定を尊重するという概念は、以下のように理解されるにいたっている。

クライエントの自己決定を促して尊重するという原則は、ケースワーカーが、クライエントの自ら選択し決定する自由と権利そしてニードを、具体的に認識することである。また、ケースワーカーはこの権利を尊重し、そのニードを認めるために、クライエントが利用することのできる適切な資源を地域社会や彼自身のなかに発見して活用するよう援助する責務をもっている。さらにケースワーカーは、クライエントが彼自身の潜在的な自己決定能力を自ら活性化するように刺激し、援助する責務ももっている。しかし、自己決定というクライエントの権利は、クライエントの積極的かつ建設的決定を行なう能力の程度によって、また市民法・道徳法によって、さらに社会福祉機関の機能によって、制限を加えられることがある。

三十年以上の歴史を通して、可能なかぎり最高の価値をもつクライエントの自己決定という原則がケースワークのなかに確立された。この価値がこれ以上高められうるとは考えにくい。再びここで、クライエントの自由を定義すれば、それは、①クライエントが一人の人間としてもっている本質的尊厳に由来する不可欠な基本的権利であり、②民主主義社会に生きているすべての個人に必要な基本的権利でもある。またそれは、③ケースワーク・サービスの効果を高める上で必須の要件でもあり、④ケースワークの哲学にとって欠かすことのできない基本的原理でもある、と説明することができる。あるいは、クライエントの自由とは、原則であり基本的前提であり、また鍵概念でもあり、さらにすべての社会福祉機関におけるソーシャル・ケースワークの礎石であると表現することもできる。

## クライエントの権利とニード

すべての人間と同じように、クライエントは独自に人生の目標（短期的および長期的な）を設定して、彼の人生を生きる責任をもっている。また、いかなる責任にも、それにふさわしい権利がともなうわけであるから、クライエントも彼独自の運命をまっとうする適切な手段を選んで決定するという、他人に譲ることのできない基本的権利を創造主から与えられている。

ふつう、クライエントは社会福祉機関にサービスを求めるとき、自分の自由まで放棄しようとは考えていない。彼は、ニードや問題に関する助けを求めて機関を訪れるだけである。また一般に、クライエントはソーシャルワーカーには専門的能力が備わっているだろうから、クライエントが自分の能力を動員したり、地域にある資源を熟知できるような援助を提供してくれるだろうと期待している。さらに、多くの場合、クライエントは自分がいかなる選択をすることができるのかを早く知りたがっているし、ある選択を行なう際には、その選択に対してケースワーカーがどのような意見・判断をもっているかを伝えてもらいたいと望んでいる。ただし、このときクライエントは同時に、問題に直面することに不安をもっているかもしれないし、問題解決の過程でケースワーカーの心理的サポートを必要とするかもしれない。しかし、それでもクライエントは、問題解決の方向などを自分で決める自由は確保したいと願っているものである。

クライエントがこのようなかたちで自分の責任を遂行することは、自らパーソナリティを成長させ成熟させる一つの重要な機会である。そして、自由に決定を下すことができる環境下で責任を遂行するときにのみ、クライエントは知的、社会的、情緒的、また精神的に成熟することが可能となるのである。とりわけクライエントは、ケースワーク援助を受ける体験を意義あるものとするために、自分で選択する自由を必要としている。また、ソーシャルワーカーは長い経験から、クライエントが援助計画を押しつけられたとき、ケースワークそのものが無駄に終わってしまうことをよく知っている。クライエントは、選択と決定を自由に行使できるときにのみ、社会的に責任をもち、情緒的に適応しながら、パーソナリティを発達させてゆくのである(2)。

## ケースワーカーの役割

クライエントの自己決定を促し尊重する実践上の責任は主にケースワーカーにある。ケースワーカーがクライエントの自由に対してどのような態度を採っているかは、ワーカーがこの役割をどのくらい理解し、いかに実行するかの違いによって、明白にクライエントに伝わるものである。クライエントが建設的な方向に沿って、また市民法や道徳法に合致するかたちで、さらに社会福祉機関の機能に沿って、自己決定する能力をもっているとすれば、そのクライエントに係わるケースワーカーの役割は、こうあることが望ましいという肯定的側面と、こうあってはならないという否定的側面の両面から記述することができる。肯定的側面からいえば、以下に挙げる行動がクライエントの自己決定を促し尊重する原則に合致するケースワーカーの行動である。

1 クライエントが彼の問題やニードを明確に、そして見通しをもって見ることができるよう援助すること

問題を見にくくさせ、自分を見失わせている情緒的混乱を、クライエント自身が新たに整理して見直す契機は、適切な診断を導くために行なうケースワーカーの調査や判断、またワーカーのクライエントを受けとめようとする態度や共感であるといえよう(3)。

## 2　クライエントが地域社会に存在する適切な資源を知っているように援助すること

利用できる資源が複数であるときは、クライエントが異なる資源それぞれの意義を比較して検討できるよう援助すべきである。このとき、ケースワーカーはワーカー自身の意見をのべたり、示唆を提供してもかまわない。しかし、ワーカーの評価や示唆に従わなければならないと、クライエントに感じさせてはならない。

ワーカーは、クライエントに働きかける能動的役割と受け身で待つ受動的役割とのあいだの微妙なバランスを上手にとる必要がある。受動的役割とは、ワーカーがクライエントに対して働きかける行為を自制することである。ワーカーが自制することによって、クライエントは十分にあるいは自由に、彼の希望を表現することができるようになる。ワーカーがクライエントから離れた所で行なう能動的役割とは、クライエントのパーソナリティを理解する上で活用することができるパーソナリティのパターンに関する知識を獲得しておくことである。ただし、ワーカーはクライエントの言葉や行動また感情を観察し評価する際には、そしてクライエントの健康さや弱さを発見しようとするときには、あるいはクライエントの内と外にある資源を豊かにしようと働きかける際には、さらにクライエントが彼自身で行動するよう刺激するときには、能動的に動くべきである。(4)

3　休止状態にあるクライエント自身のもつ資源を
　活性化する刺激を導入すること

刺激を導入するとは、クライエントが自ら恐怖と緊張を克服できるよう援助することである。あるいは、クライエントが求めるサポートを提供したり、援助関係におけるパーソナリティ相互の交流を通して、クライエントが成長するよう援助したりすることである。(5)

4　援助関係を、クライエントが成長し、問題を克服するための環境とすること

ケースワーカーは、クライエントが援助に積極的に参加し、彼が自分自身と生活問題をいっそう深く理解するのを助けるために、傾聴する態度と受けとめる態度を兼ね備えなければならない。クライエントは、彼の資源と地域社会の資源を活用しながら、彼にふさわしい速度とやり方で問題を克服するとき、自ら潜在的な力を育てることができるようになるのである。(6)

以上にのべたケースワーカーの肯定的役割を比喩を用いて要約すれば、ケースワーカーの役割とは、クライエントがもっと容易に呼吸し、いっそう明白にみることができるよう、部屋のドアと窓を開け、空気と灯りと陽の光をなかに入れることである。その目的は、クライエントが彼の問題に関して、より良い洞察を得て、自らを助ける力を育てることである。(7)

クライエントの自己決定を促して尊重するという原則にとって、不適切なケースワーカーの行動は以下の通りである。

1 問題を解決する主な責任をワーカーがとり、クライエントに従属的役割をとらせること

この極端な例は、ワーカーが自分で援助計画をすべて策定し、それをクライエントに押しつけることである。

2 クライエントからの求めがあるなしにかかわらず、クライエントに起こるすべての出来事の社会的ないし情緒面での動きについて細かすぎる調査を行なうこと

過剰な診断（このように表現したケースワーカーがいたのだが）の原因は、ケースワーカーが援助に全責任をとり、全知なる神のごとく振舞おうとする姿勢を見え隠れさせるために起きることが明らかである。それは、ケースワーカーがすべてを知るなら、いかなる援助も可能であると仮定している姿のように見える。(8)

3 直接、間接にクライエントを操作・操縦すること

操作・操縦とは、ケースワーカーが、クライエントにはその経過を知られないようにして、ある

いはクライエントがその経過に気づいたとしても、ワーカーだけの判断に頼って、援助の方向を選択したり、決定したりするように、クライエントを巧みに操ることである。クライエントは、このとき、意志に反して「猿回しのように動き回らされている」と感じるものである。

4　コントロールするような仕方で説得すること

説得は、クライエントが自ら決定する上で必要なさまざまな事実を提供するにとどまらず、それ以上に不必要で余分な関与をすることである。また説得は、クライエントが自ら選択して決定する自由を奪うようなやり方で、ケースワーカーの決定を受け入れるよう、クライエントを急き立てることでもある。さらに説得は、ワーカーだけが決定を行ない、クライエントに「参加させてもらう」とか「協力する」というような従属的役割を採らせてしまう行動である。

ケースワーカーとして採るべき役割と採るべきではない役割を以上に要約した。クライエントの自己決定を促して尊重するという原則は、クライエントが自ら選択して決定する領域を除けば、ケースワーカーの活動範囲を決して狭めるものではない。むしろ、クライエントの自助を援助するあらゆる他のケースワーク活動を豊かなものにする基本原則である。したがって、ケースワーカーは、つねにクライエントをより良く理解する上で助けになる人格構造の知識を高めるよう求められている。またケースワーカーは、面接のなかで示されるクライエントの感情や行動の意味を観察し、理解する技術を開発するようにも期待されている。要するに、ケースワーカーは援助者という役割に対して積極的な準備を怠らず、ケースワークや関連諸科学が創造した最良の思考を熱心に獲得し、最良のケースワーク技法や技術を熟達させるよう求められているのである。

## 事例

以下に示す比較的に単純な事例の要約を通して、ケースワーカーがクライエントの自己決定に際してどのような役割を採るかを説明しよう。三例とも、クライエントが二つないしそれ以上の選択肢から、自由な選択を行なった事例である。

ミルナは幼いころから、民間福祉機関のケアのもと、ある里親家庭で育てられてきた少女である。十七歳になり、職業訓練が必要になっていた。彼女の職業訓練計画を作成するため、職業適性検査と心理検査が行なわれた。その結果、ミルナは一般事務職や電気ミシンを使う縫製の仕事に向いた適性をもっていること、またコマーシャル美術の分野にも潜在能力をもつことが示唆された。それまで、彼女は大変支配的な母親から、愚か者で、身体の虚弱な娘であると決めつけられていたが、実際はそのどちらでもなかったのである。具体的にいえば、彼女はスタンフォード・ビネー知能検査の形式Lの検査で平均知能範囲の成績をとっていたし、健康診断でも健康であることが証明されたのである。たしかに、ミルナは従順で依存的に見え、外見からはわずかな積極性しか感じられなかった。そして、ミルナも自分を「愚か者」(dumb)と見なしていた。さらに、彼女は適性があると示唆された職業についても、それ以外の職業についても、好みを何も言わなかった。ここでのケースワーカーの役割は、適性があると言われた仕事それぞれの利点・欠点を探査し、ミルナの職業に対する関心を刺激し、心理的サポートを提供して、彼女が自主的に考えたり、自分に対する信頼感を醸成したり、あるいは満足のゆく仕事を自ら選ぶのを励ますことであった。

アレン夫人は、短期間の入院から退院したものの、自宅かナーシング・ホームで数週間の看護ケアを受けなければならなかった。そして、彼女はそのケア計画の作成を家族福祉機関に求めた。彼女の家族は、いずれも学齢期にある三人の子どもであった。十七歳の高校生である長女が、放課後二人の年下のきょうだいを世話し、家事や食事の支度も引き受けて母親を助けていた。家族はぎりぎりの収入で生活していたため、家族福祉機関がナーシング・ホームないし家政婦の費用を負担することになった。どちらのケアを利用しても、費用の点では大きな差はなかった。ケースワーカーは、アレン夫人が二つの選択肢を比較して評価するのを援助した。自宅で家政婦のケアを受けるとすれば、自分の家での快適で心地良い雰囲気を維持することはできると考えられた。そして、母親が家にいることは、たとえ寝たきりであったとしても、子どもたちにとって喜ばしいことであろうと推測された。子どもたちは、病気が自分たちから母親を奪ってしまうのではないかといくらか恐れていた。実際、一番年下の子は母親に見捨てられはしないかと不安を口にしていた。一方、ナーシング・ホームでのケアを選ぶとすれば、訓練された看護婦によるケアが提供されるので、より適切な身体的ケアが受けられると判断された。また、アレン夫人の責任も軽くなるので、回復も早まるのではないかと考えられた。さらに、家政婦が家庭に住み込むことは実際に無理であり、アレン夫人は夜間にある種の手助けも必要としていた。二つの選択肢とも利点と欠点をもっており、またどちらを選ぶことも可能であった。そこでケースワーカーは、アレン夫人が自ら自分の気持ちを整理して確認することを助け、彼女がいかなる決定をしても、彼女をサポートする役割を採ることにした。

二十歳で未婚の母親となったミス・クラークは、出産後、相談を求めて社会福祉機関に来所した。彼女自身と子どもの将来を考えるためであった。彼女の家族は、クラークを経済的に援助して、自分たちの手もとで子どもを育てようと考えていた。しかし、この家族はその地域では名の通った有名な家族であり、隣近所のゴシップも恐れていた。そこで、子どもをクラークの姉の養子にする案が考えられた。しかしこの案も、同じ地域で子どもを育てることになるため、ゴシップの恐れを消せるわけではなかった。クラークの子はクラークによく似ており、近隣の人びとが二人が似ていることにいずれ気づいてしまうと考えられたからである。三つ目の選択肢は、子どもを養子に出すことであった。だが、クラークはこの選択肢には強い罪悪感をもっていた。ここでのケースワーカーの役割は、クライエントが以上の選択肢を現実的に比較検討し、評価するのを援助することであった。ケースワーカーのクラークに対する援助関係を通した共感が大きな役割を果たした。クラークは自分の感情を表現し、気持ちを整理していった。やがて、最初の二つの選択肢には多くの困難がともなうこと、養子に出すという選択肢がもっとも現実的であることが明らかになった。クラークは自ら養子に出すことの罪責感を検討し、ケースワーカーのサポートも得て、わが子を養子に出すという結論を下した。

## 自己決定の制限

クライエントの自己決定を促して尊重するという原則は、もしそのクライエントの権利とそれに対する制限とがうまく均衡しなければ、ただの決まり文句にすぎず、意味を失ってしまう。人が何かを自ら選択し決定する自由は、すべてが許可される免許と同じではない。個人の権利は、社会における他者の権利によって制限されるのである。つまり、個人の権利は他者の権利を尊重する義務をともなっている。人の自由は、それ自身が目標ではなく、一つの手段にすぎない。すなわち、自由は人生における近い将来の、あるいは遠い未来の目標を達成するための手段である。それゆえ、自由といっても、自分や他者を勝手に傷つけることは許されないのである。

ソーシャル・ケースワークに関していえば、クライエントが自己決定する権利は、以下に示す四つの条件によって、制限を受けることになる。

## 1 積極的かつ建設的決定を下すクライエントの能力から生じる制限

いかなる援助方法や原則も、すべてのクライエント、あらゆる問題に対して杓子定規に画一的に適用すべきではない。ケースワークでは、一般的にクライエントによって異なるパーソナリティやニード、あるいは各援助機関の機能やワーカーの能力などを検討した上で、いかなる援助方法や原則をどのように提供したらよいのかを個別的に判断している。これと同様に、クライエントの自己決定を促して尊重するという原則も、個別に適用されるべきである。つまり、クライエントがあらゆる点に関して自己決定を行なうという理想は、各クライエントの状況によっては修正を加える必要がある。自己決定する能力はクライエントによって異なるため、ワーカーは各クライエントの自分自身で行動する精神的・身体的能力を十分に理解しておくべきだし、彼のもつ能力を超えてまで自己決定するよう強いるべきでもない。しかし、ワーカーがクライエントの能力を勝手に決めつけてよいというものではない。むしろ、ワーカーはクライエントが積極的かつ建設的な決定を行なう能力をもっているという仮定をもって、援助を始めるべきである。そしてこの仮定は、クライエントの自己決定能力に関して明らかな、あるいは吟味しても消えないほどの疑いが現れるまでは、保持すべきである。クライエントの自己決定能力には個人差があるため、ケースワークでは、その能力を適切に評価する技術がいっそう重要である。

自分の置かれた状況のなかで、あらゆる側面で自己決定を行なう責任をもつことが可能なクライエントもいる。しかしなかには、十分な責任をもてず、ケースワーカーの積極的な支持を必要とするクライエントもいる。さらに、ケースワーカーが一時的に責任を分かちもたなければならないクライエントもいる。しかし、このような違いを判断するとき、その判断はクライエントの能力の程度によってのみ行なわれるべきであり、それ以外の要素に頼ってはならない。

ケースワーカーを集団としてみた場合、ケースワーカーのなかにも、たとえば未婚の母親の自己決定能力に対する評価では、意見が分かれ、評価に相違がある[9]。たとえば、未婚の母親は深く傷ついているため、自ら適切な決定に到達することはできないと考えるワーカーもいる。彼らは、最終決定を下すときには、ワーカーが「舵をとり」「味方」にならなければならないと確信している。一方、未婚の母親の自己決定能力をより高く評価するワーカーもいる。ただし、どちらのワーカーも、未婚の母親の能力は個別的に評価すべきであるという点では意見が一致している。ケースワーカーの果たすべき役割は、未婚の母親が自分たちの情緒的問題を吟味し、利用しうる資源を獲得し、さらに選択と計画の方向を自ら現実的に検討し、その結果子どもをどうするかを決定できるよう、彼女たちの社会的、文化的、経済的、そして心理的パターンを理解することである。

児童、青少年、高齢者、あるいは発達障害者を対象とする場合、ケースワーカーは各クライエントの能力に応じて、多かれ少なかれいっそう積極的に行動する必要があるかもしれない[10]。たとえば、ワーカーがクライエントの生活設計に積極的に参加することが必要な場合もあるだろう。また、クライエント自身による生活設計にまかせたままでは、確実に混乱が生じると予測される場合には、ワーカーがクライエントを保護するために、権威的あるいは強制的な役割を採らざるをえないこともあるだろう。しかし、そのような場合でも、ケースワーカーは権威的役割を採る理由をきちんと説明して、クライエントの援助への参加を求めつづけるべきである。

また、数は少ないが適応能力が大変低く、社会的に病人として援助しなければならないクライエントもいる。たとえば、極端な例、つまり緊急を要するような場合、ケースワーカーは救急外科医のように素早く動かなければならないかもしれない。とくに「重病の者、知的能力が低い者、話がほとんどできない者」などのケースがそうだろう。だが、ワーカーが救急外科医のように振舞うケースは稀だろうし、自己決定の原理に従うワーカーには救急の判断ができるだろう。[11]むしろ、ワーカーがこの種のクライエントの責任を分担しないとすれば、それはサービスの提供を拒絶することと同じである。

M夫人には、二歳と四歳になる子どもがいるが、子どもたちの養育は民間の福祉施設に委託していた。子どもを預けて半年、彼女は子どもが大変良好に適応している施設から子どもたちを引きとり、アパートでの同居生活を開始しようと考えていた。M夫人はアルコール依存症と診断されていた。また、七カ月前のことであるが、父親が子どもたちを連れて家を出てしまう事件があった。父親は離婚することと、自分が子どもの保護者になることには同意していた。しかし、M夫人が子どもの世話に当たることも承諾していた。M夫人は、子どもが連れ去られたことを知ると大変混乱した。彼女はこれまでの自分の振舞いに対する罪責感をあふれさせ、子どもを奪われたことを嘆き悲しんだ。彼女は夫との和解を望んだが、身体的にも精神的にも弱り切っていたし、大量の飲酒もつづけていた。つまり、M夫人には子どもを育てる準備が整っているとはいえず、子どもはしばらく施設で暮らすことが適切であることが明らかであった。ここでのケースワーカーの役割は、彼女が自分の問題に直面するのを助ける一方、M夫人が子どもの施設生活を受け入れられるよう援助することであった。

R氏は自殺未遂をしたため、復員軍人病院に入院していた。入院時、彼はガールフレンドから拒否されたため、自殺を考えたと話していた。また、かつて軍隊にいたとき、婚約者とのドライブで事故を起こし、婚約者は死亡し、彼自身も背中に傷を負った経験があるとも話していた。初回面接で、彼は警察官になりたいと思っていること、そして今回の精神病院への入院騒ぎがその希望にマイナスに働くことはないかと質問した。ケースワーカーは分からないと答えたが、希望を堅実に実現するためには、クライエントがこれまで市民として、また軍隊生活のなかで、いかなる仕事を経験してきたのか、どのような仕事が好きなのか、またなぜ警察官になりたいのか、さらにそれ以外の希望は考えられないのかなどを話し合うことが役に立つと提案した。彼はこの提案を受け入れたが、警察官になるという希望にはこだわりつづけた。つぎの面接に先立って傷害補償請求の書類を調べてみると、自動車事故には休暇から帰隊中の四人の兵隊が関与していたこと、彼は運転していなかったこと、そして他に負傷者はいなかったことなどが明らかになった。ロールシャッハやTAT、そしてそれ以外の心理テストの結果は、彼には自殺や殺人、あるいは統合失調症の傾向がないことを示していた。しかし、基本的に未成熟で、依存傾向が強く、情緒的にも不安的な性格傾向が示唆されていた。そこで、精神科医は患者自身の問題と病院の社会的責任という観点から、警察官になるという彼の希望に沿って援助計画を立てることは賢明ではないし、非現実的であると判断した。ケースワーカーは面接を継続し、警察官になるという彼の希望について話し合いをつづけたが、それを実現するという方向ではなく、話し合うこと自体が援助になると考えていた。

## 2 市民法から生じる制限[12]

社会には権威と法が存在している。ケースワーカーは、過去二十年にわたって権威の概念とクライエントの自己決定との関係について議論を進め、この両者は決して矛盾し合うものではないと認識するようになった。当初、ケースワーカーたちは、クライエントの自由が法律や権威によって制限を受ける場合、どのように援助すべきかという技術論に関心を注いだ。法の一般的な目的は、人が自由を濫用したり、誤って自由を行使したりするのを防ぐことである。また、そのような濫用から社会を守ることである。ケースワーカーは経験を通して、多くのクライエントが、法律などの正当な権威が設定している自由に対する制限を快く受け入れ、それに適応することを知っている。しかし、社会病質や精神疾患をもつクライエントのなかには、いかなる権威をも神経症的ないし精神病的に嫌悪するために、特殊なケアを必要とする者もいる。また、これ以外にも、権威自体に対してではなく、権威を管理する人びとの権威的態度に敵意をもつクライエントもいる。権威的態度とは、権威の管理者自身が権威の根拠であるかのように振舞い、杓子定規で、感情的で、傲慢な姿勢を採ることである。このような態度は、ソーシャル・ケースワークを破壊する行為以外の何物でもない。

しかし、法にもとづく権威をもって適切にクライエントに接近することはしばしば必要であり、また有効でもある。だが、そのような接近は豊かな感受性と技術をともなって行なわれなければならない。また、法にもとづく権威をともなってクライエントに接近することは、合法性や実在する市民法また政令などを援助に上手に活用することでなければならない。ケースワーカーが公務員として働いている公的機関では、法などの権威にもとづいて、クライエントに接近する機会が多い。しかし、民間機関や権威をもたない公的機関では、クライエントやその他の人びとに差し迫った重大な事態が起きるときの最後の手段として、これが用いられる以外は、法的権威にもとづいてクライエントに接近することは稀である。そこでのケースワーカーは、法の権威に従うようクライエントを強制する役割を負うことは少なく、多くの場合、その役割は正式な資格をもつ公務員に委任されている。

法的権威を用いるとき、ケースワーカーのもっている精神、権威の用い方、そして態度のすべてが重要となる。権威は、クライエントの能力やそれぞれの事例の状況に応じて、個別的に判断した上で、用いられなければならない。執行猶予者や仮釈放者を援助するような機関、また児童措置機関などでは、クライエントの自由な選択や決定を法によって制限している領域がある。しかし、そこでもクライエントは多くの領域で自分で決定する自由をもっている。公的扶助機関では、経済的援助を支給するために、法的に決められた資格要件がある。扶助を申請するためには、その資格を明らかにする証拠を提出しなければならないのである。こうした意味で、ここでもクライエントの自由な選択は制限されている。しかしここでも、これを除けば、クライエントは十分自分で決定する権利をもっている。ケースワーカーは法などによる権威をクライエントの現実を構成する一つの要素と考えた上で、ケースワークのもつ技術と技能をもって、クライエントが法によって加えられる制限を受け入れ、それに適応するよう援助すべきである。

A夫妻は離婚した。そして、A夫人は離婚訴訟の最中から、二人の子どもを一時的に預かり、保護することを許されていた。A夫人は予備審問で、夫が彼女を虐待しつづけてきたこと、また離婚が成立するまでは夫が家を訪ねたり、子どもと面会することを拒んでよいという命令を受けていると証言した。一方、A氏は妻の非難は事実ではなく、虐待した事実もないこと、また妻は子どもの世話をずっと怠ってきたことなどを家族福祉機関のケースワーカーに訴えていた。また、彼は裁判所の禁止命令を無視して家を訪ね、子どもを連れ出して州を離れようと考えていた。もし彼が子どもを州外に連れ出せば、それは法廷侮辱罪および児童誘拐罪を犯すことになる。A氏はまた、子どもは妻のものではあるが自分のものでもあること、また彼は子どもを愛し、子どものために最善を尽くしたいと願っているのに、わが子にとって何がもっとも幸せであるのかを法廷は彼にまったく語ることができないでいるなどとも訴えた。たしかに、彼には妻や権威に対して敵意を表現する自由はある。しかし、ケースワーカーはA氏の感情と彼自身の問題を彼と話し合うことにした。そして話し合いを通して、彼は法律によって個人の自由が制限される場合があるという事実を受け入れ、その事実に適応し、別の計画を考えるまでに変化していったのである。またケースワーカーは、A氏が彼の問題解決において利用しうる資源について情報を提供した。彼は法律に関する相談機関を紹介され、同機関は彼に弁護士をつけ、彼が子どもを永久に手もとにおくことができるよう努力した。やがて、彼は自分の問題をいっそう明瞭に見ることができるようになり、最初の計画が彼にとっても子どもにとっても、不幸な結果しかもたらさないと考えるようになった。

二人の幼い子を抱えたB夫人が、要扶養児童手当の受給を取り消したいと申請してきた。彼女は三年前に夫に捨てられ、以来夫の消息はまったくつかめていなかった。ただし、結婚は法的には解消されていなかった。B夫人はどうしても公的扶助の受給を取り消したいようだった。そこでケースワーカーは、彼女がこれからどうやって子どもを育てようとしているのかを尋ねてみた。彼女は働きに出ると説明したが、日中子どもと離れて過ごすのも嫌だし、家事サービスも受けたくはないと答えた。また、彼女の家には貸間にすることのできる部屋があったが、見知らぬ人を同居させることも気が進まないようだった。やがて、彼女が最近堅実で頼りがいのある男性から結婚を申し込まれている事実が明らかになった。彼女はこの男性に最初の夫は死んだと伝えていた。結局、彼女は要扶養児童手当の受給を辞退することが目的で、この男性を愛してはいないものの、嫌いでもないために、重婚を犯して結婚しようと考えていた。数カ月におよぶ週一度の面接を通して、ケースワーカーはB夫人とのあいだに良好な援助関係を形成し、彼女がさまざまな感情を表出し、その意味を明らかにする過程を援助した。また、彼女が重婚を回避し、要扶養児童手当をつづけて受給し、彼女が自分と子どもたちのためにいっそう現実的なプランをつくるよう援助を進めた。

### 3 道徳法から生じる制限

人生における選択と決定を自ら行なう権利は、道徳的な悪を選んで行為したり、決定することまで許しているわけではない。つまり、人はそのような選択をする肉体的な力はもっているかもしれないが、そうする権利までもっているわけではない。ケースワークのなかで、多くのクライエントは道徳的に許される範囲内で選択を行なっている。しかし、道徳に反する方向に向かおうとするクライエントもいないわけではない。十分に統合されたソーシャルワークの哲学をもって働いているケースワーカーは、そのような状況に無関心でいるのではなく、クライエントが道徳に反する決定を避けるよう援助すべきである。現実をよく見ているワーカーは、道徳に反する決定は非合法的手段によって回避できるものより質が悪く、将来いっそう大きな問題を引き起こしてしまうことをよく知っている。しかし、ケースワーカーとクライエントがそれぞれに異なる道徳の基準や規範をもっている場合、やっかいな問題が生まれることもある。ケースワーカーは、これらの問題にもきちんと直面すべきである。そして、これらの問題は、道徳とは無関係の、一時しのぎの便宜的方法によって解消するのではなく、原則にもとづいて克服すべきである。

盗みや殺人を禁止する、一般的に受け入れられている道徳法は、市民法でも同じように規定されている。しかし、離婚や断種、中絶などの禁止は、市民法が何らかの制限条項を設けている一方、教会がこれに制限をつけ加えて成立している。また、道徳法のなかには、教会の定めた制限によってのみ成立しているものもある。

ケースワーカーは、信仰する宗教が異なるクライエントと係わるときでも、クライエント自身の良心を尊重し、クライエントが自ら良心の範囲内で選択と決定を行なうよう援助しなければならない。もし、クライエントが道徳法を犯し、彼の良心に反して行動してしまえば、結局彼は自ら精神的な打撃を負うことになるからである。また、そのような行動は、罪悪感などの心理的困難を生み出すばかりでなく、精神的外傷をもつくりだすからである。ケースワーカーは、存在論が主張する、人の精神がもっている重要な価値をいっそう十分に認識する必要がある。ケースワーカーが、クライエントが彼の人生の哲学に反する手段で社会的ないし情緒的問題を解決してしまうよう援助するとすれば、それはクライエントの福祉を決して促進することにはならないのである。

離婚した上で再婚しようと考えているクライエントの事例を示すことが、宗教に関する難しい問題を考える際に役立つだろう。三つの場合が考えられる。すなわち、①クライエントとケースワーカーの両者とも、再婚を禁止する宗教をもっている場合、②クライエントが信仰する宗教では再婚が許されないものの、ケースワーカーが信仰する宗教ではそれが許される場合、そして、③ケースワーカーの宗教では再婚を認めないものの、クライエントの宗教ではそれを許す場合である。いずれの場合も、ケースワーカーはクライエントの自己決定に関して、自分が採るべき役割を明確にしておく必要がある。

両者とも再婚を許さない宗教をもっている場合、ケースワーカーは、クライエントが再婚以外の方法によって問題を克服するよう援助し、クライエントが道徳に反する行動に踏みきらないよう援助すべきである。そして、ケースワーカーはクライエントが感情を表出できるよう、また感情を整理して理解するように働きかける。また、クライエントが彼自身の道徳の範囲内に踏みとどまることの意味を十分に洞察できるよう、あるいは再婚以外の選択肢を検討するよう援助する。さらに、ケースワーカーは道徳法を犯すような行為に協力することは避けるべきである。そのために必要であれば、聖職者にクライエントを紹介してもよいだろう。

クライエントが信仰する宗教では再婚が許されないものの、ケースワーカーが信仰する宗教ではそれが許される場合、ケースワーカーは、クライエントが彼らのもっている道徳の規範内にとどまるよう援助すべきである。信仰もクライエントの環境を構成する重要な一つの現実なのである。この場合は、早めに聖職者を紹介することが必要となる。クライエントが自分の信念を曲げてしまうほどの誘惑にかられるこのような試練のときに、クライエントが自分自身に対して真実でありつづけるよう援助することは、十分に立派なサービスなのである。そして、そのような援助は、長い目でみれば、クライエントの福祉を促進することになる。もし、クライエントが彼自身の道徳に反するような行為を最終的に選ぶのであれば、ケースワーカーはそのような自己決定の実現を援助すべきではない。それはサービスではなく、むしろ仇や危害となるからである。

ワーカーが信仰する宗教では再婚を認めないものの、クライエントの宗教ではそれが許される場合、ケースワーカーはいくつかの人間行動に関する基本的原則を再確認してみる必要がある。それらの原則とは、クライエントは彼の良心に従う権利をもっていること、ケースワーカーは自分の規範をクライエントに押しつけてはならないこと、そしてケースワーカーも自らの良心と統合性を大事にする権利をもっているため、自分が誤りと信じる決定には協力しない権利をもっていること、などである。それゆえケースワーカーは、クライエントが自分の下す決定を検討するよう、また決定のもつ意味を分析して十分明らかにするよう援助する。だが、もしクライエントが再婚を決意するのであれば、ケースワーカーはそれが実現できるよう協力する必要はない。ケースワーカーは自分が誤りと信じる決定にまで手を貸す義務はないからである。

### 4　福祉機関の機能から生じる制限

公的機関であろうと民間機関であろうと、それぞれの福祉機関は多かれ少なかれ、各地域において定められた機能を遂行する目的をもって組織されている。また福祉機関はその目的を達成するために、サービスを限定したり制限したりして提供する権利と必要性をもっている。限定されたサービスは事業計画に採り入れられ、各機関の規則、基準、受給資格要件のなかに、また提供するサービスの種類などとして、具体的に表示されている。

クライエントは、機関のこのような権利を尊重する義務を負っている。つまり、クライエントはサービスを求めるとき、その福祉機関がもっている機能の範囲内でサービスを求めなければならない。また、クライエントは機関がもつ機能の範囲を超えた、あるいは受ける資格のないサービスや援助を求める権利はもっていない。クライエントが自発的にサービスを申請し（つまり、法的に命令された申請ではなく）、しかもその福祉機関が彼の求めるサービスを提供する機能をもち合わせていないとすれば、彼は申請を終結して、自由に別の機関にサービスを求めることができる。むろんこのとき、その機関はクライエントに他の機関を適切に紹介すべきである。

原則7

# 秘密を保持して信頼感を醸成する（秘密保持）

ソーシャルワークは、それ以外の援助や治療を行なう専門職業より、多くの点で人間の生活に緊密なかたちで接触する。ケースワーカーは家庭訪問や相談室の面接において、クライエントや家族に関する秘密の情報をしばしば、あるいはしょっちゅう見聞きしている。それらの情報は、ケースワーカーとクライエントが共有する、クライエントの生活における一つの事実、一連の事実、あるいは一つの生活状況であるかもしれない。クライエントは、ケースワーカーがそのような情報を神聖な委託物として扱い保持することを、暗黙のうちに、あるいは明確に理解している。クライエントはそのような理解をもつことによって、初めてケースワーカーに情報を提供し、観察を許すのである。

ソーシャル・ケースワークがこのようなかたちでクライエントの秘密を保持すべきことは、二つの観点から考察することができる。一つは、専門職業としての倫理綱領の一事項としてこれを考える観点であり、今一つは、ケースワークにおける援助関係を形成する一要素として、これを考察する観点である。本章では、後者（前者を基礎としているのだが）の観点を主に検討してゆくことになる。ところで、クライエントの秘密を保持して信頼感を醸成するという原則は、一見すると人をあざむくほど単純であるかのようにみえる。しかし、ケースワーカーがこの原則をケースワークの状況のなかに具体的に適用するとなると、それはきわめて複雑であり困難である。ケースワーカーにとって、この原則は一般にはなじみの薄い哲学的原則にもとづいたものであり、またこの原則は、ケースワーカーが今日まで比較的考えたことの少ない「知恵の輪」のような難問を投げかけてくるからである。

秘密を保持して信頼感を醸成するとは、クライエントが専門的援助関係のなかでうち明ける秘密の情報を、ケースワーカーがきちんと保全することである。そのような秘密保持は、クライエントの基本的権利にもとづくものである。つまり、それはケースワーカーの倫理的な義務でもあり、ケースワーク・サービスの効果を高める上で不可欠な要素でもある。しかし、クライエントのもつこの権利は必ずしも絶対的なものではない。なお、クライエントの秘密は同じ社会福祉機関や他機関の他の専門家にもしばしば共有されることがある。しかし、この場合でも、秘密を保持する義務はこれらすべての専門家を拘束するものである。

クライエントが社会福祉機関に援助を申請するとき、彼は自分や彼の置かれた情況について、またその情況に関連する何らかの事実について、情報をうち明ける必要があることを知っている。それらの事実とは、たとえば、自分以外の誰にも知られたくない心の奥底に秘めた感情であるかもしれないし、友人や隣人に知られたら、彼の個人的な評価を著しく傷つけ、破壊してしまうような過去の行動についての事実であるかもしれない。また、それは彼を困惑させるような「外聞をはばかる一家の秘密」であるかもしれない。

援助を求めるとき、クライエントは暗黙のうちに、これらの情報をケースワーカーにうち明ける必要があることを知っている。しかし同時に、彼はこれらの情報が援助者以外の人間にもれることはないだろうとも考えている。明らかに、クライエントは援助を受ける代わりに、秘密がもれて彼の評価が壊される事態になることを望んではいないのである。

クライエントは、以上のような理解をもちながら援助関係に参加してくる。それゆえ、ケースワーカーがクライエントの秘密情報をきちんと保持することは、信頼感をともなった援助関係を形成する上で欠くことのできない一つの要件である。もし、ケースワーカーが秘密を保持していないことにクライエントが気づけば、援助関係はたちまちのうちに破壊されるだろう。

## 秘密を保持する権利

人間のもつすべての権利と義務の根拠は自然法にある。また、秘密保持などの原則から成り立つソーシャルワーカーの倫理綱領も自然法にその根拠をもっている。自然法に根拠をもたない倫理綱領は、人間同士が快適な関係をつくり出そうとして定めた社会的取り決めにすぎない。

自然法とは、自然のなかに明らかな形で示されている創造主の意志である。創造主は無限の英知をもっているため、創造主が創られたもののすべてには機能と目的が定められている。また、創造主が創られたものは、その働きが遂行されるかぎり、そこには秩序があり、清澄さと成長が存在している。つまり、人間の生存に関わるこのような自然法は、愛する神が人間の心のなかに書き込んだものである。したがって、人がこの法にしたがって生きることは単なる義務ではない。それは人類に平和と発展、そして幸福をもたらす源泉なのである。いい換えれば、自然法は人間が人間に対してもっている、また仲間、家族、社会、さらに神に対してもっている義務を明確なかたちで示したものである。

自然法に定められた義務を遂行する手段が権利と呼ばれる。人間はこのような自然から与えられた基本的権利を二つもっている。その一つは生きる権利であり、二つは成長し発達する権利である。ただし、実際には、二つの権利ともそのなかにさまざまな権利を含み込んでいる。

たとえば、成長し発達する権利には、①健全な身体を獲得する権利（すなわち生命を維持し、身体をケアするために、食事・衣服・住いを確保する権利）、②私有財産を確保するなどして幸福を獲得しようとする権利、そして、③パーソナリティを情緒的、知的、そして精神的に高め、良い魂を獲得しようとする権利が含まれている。これらの権利を含み込んだ成長と発達を追求する人間の権利が、まさしくクライエントがケースワークにおいて秘密保持を要求する権利の根拠になっている。すなわち、これらの権利は自然法によって定められた義務を遂行するための手段であり、人はこの手段を通して、幸福と運命に向かって努力することが可能となるのである。

それゆえ、人は誰でも自分の秘密を保持することに関して、生まれながらに与えられた権利をもっている。人間が心のなかで考える思考や情愛は、それを他者に対して進んで伝えようとするもの以外は、ただ神が熟慮してつくり出したものに服従した結果にすぎないのである。また一般に秘密を保持する権利とは、それ自体だけで完結するものではなく、他の権利を擁護するのに必要な手段にもなっている。

自分の所有物を扱うときと同じように、人は自分の秘密を保持し、それを合法的に取り扱い、あるいは処分する権利をもっている。人は自分の秘密を占有しているため、それが合法的であれば、どのような仕方で秘密を活用したり処理したりすることも許されるだろう。また、彼が秘密を他者にうち明けるときには、うち明ける相手に秘密情報の取り扱い方について制限を課すことも許されるだろう。

秘密をうち明けられた人が、うち明けた人の意志に反して、それを暴露するとすれば、その行為は窃盗と同じである（たとえ、その行為がそれ以外の損害を与えないとしてもである）。また、人が合法的に知りえた秘密であったとしても、それを暴露することは正義を侵す行為である。

しかしながら、秘密を守る権利は必ずしも絶対的なものではない。のちにのべるように、人間がもつ他の権利と同様に、この権利は法律や他者の権利、また社会全体の福祉によって制限を受けることがある。

## ソーシャルワーカーの倫理的義務

秘密の情報とは、ふつうは他者の眼からは隠されている、個人の生活のプライベートな事実、あるいは状況、もしくは認識であると定義することができる。このような秘密の情報には、自然法的秘密（natural secret）、秘密保持を約束した上で伝えられた秘密（the promised secret）、そしてうち明ける相手に扱いを一任した秘密（entrusted secret）、の三種類がある。

自然法的秘密は、他者に知られてしまえば、その人の名誉が著しく毀損されたり、傷つけられたり、あるいは、その人を不当に悲しませるような情報のことである。いかなる人間関係においても、すべての人はこのような秘密を暴露してはならない義務を負う。ただし、自然法的秘密は親族、見知らぬ誰か、あるいは専門家によって、すでに明るみに出されてしまっているかもしれない。また、専門的援助関係の外で、ワーカーの権限に属さない手段で、ワーカーに知れ渡っていることもあるかもしれない。ふつう、そのような情報は、それが現実であれ、見せかけのものであるとしても、クライエントの評価を傷つける。真実だが人に知れ渡っていないある人の非行を他の人びとに漏らすことは、中傷という、倫理に反する行為である。自然法的秘密がもつ権利の基盤は、自分の評価を守る自然権（natural right）にある。したがって、ワーカーはクライエントの自然法的秘密を私的な個人として知った場合でさえ、それを守る義務を負うのである。むろん、誰か他の人の権利がクライエントの権利を上まわらないかぎりという条件の下ではあるが。

秘密保持を約束した上で伝えられた秘密の情報とは、秘密を知った人がそれを知ったのちに、それを他者に漏らさないと確約し、そのような約束や信頼が取り交わされたなかで伝えられた情報のことである。秘密保持を約束した上で伝えられた秘密に関して問題となるのは、そこには自然法的秘密の人の名誉を汚す事実が含まれるかもしれないし、あるいはクライエントが漏れることを望まない私的生活における、人の名誉には関わりない事実も含まれるかもしれないということである。

うち明ける相手に扱いを一任した秘密の情報とは、前もって、秘密をうち明ける人とうち明けられる人のあいだで、暗黙の、あるいは明確な形で、秘密を漏らすことはないという信頼感が形成された上で、うち明けられた情報のことである。この種の情報のなかには、約束や信頼が交わされていない状態で伝えられた秘密情報が含まれることもあるだろうし、含まれないこともあるだろう。うち明ける相手に扱いを一任して伝えられた情報は、その情報が中傷としての性質をもたぬときでさえ、うち明ける人とうち明けられる人とのあいだに信頼する・されるという契約が取り交わされている。

ソーシャルワーク実践は、以上の三種類の秘密情報と関わることになる。しかし、ソーシャルワーカーが最も一般的に関わる秘密は、うち明ける相手に扱いを一任した情報である。たとえ、クライエントが秘密を洩らさないと約束してほしいと口に出さないとしても、またたとえ、「私はあなたが情報を決して他へ洩らさないという条件のもとで、この情報を提供するのです」と言わないとしても、そこには秘密が保持されるはずだという暗黙の契約が初めから存在している。したがってケースワーカーは、秘密は当然守ってもらえると信頼しているという暗黙の契約から生じる倫理的義務を負っているのである。これまでソーシャルワーカーは、このような倫理的義務のもつ性質を理論化して理解する必要はなかった。つねに専門家であるという自覚が、全身全霊を傾注してこのような信頼感を醸成する作業に取り組ませてきたからである。

このような自覚は、以下に紹介するソーシャルワーカーの倫理綱領の一節にもよく示されている。

われわれは、社会福祉機関を訪れる人びとのプライバシーを尊重し、保護しなければならない。また、われわれは彼らが提供してくれる情報を責任をもって扱い、彼らとのあいだに信頼感を醸成してゆかねばならない(1)。

## 集団としての秘密保持

クライエントがケースワーカーに対して秘密情報をうち明けるとき、クライエントはうち明けた秘密がケースワーカー個人に対してだけでなく、機関にも伝わることを暗黙のうちに了解している。このように集団によって秘密を共有することが正当であると見なす考え方は二つの根拠をもっている。すなわち、①ケースワーカーは単独の自由契約による福祉カウンセラーではなく、当該社会福祉機関を代表する者だからである。また、②その社会福祉機関は、当該機関に所属する他の専門家が情報を共有しなければ、効果のあるサービスを提供することが難しいと考えられるからである。

したがって、クライエントはケースワーカーを信頼して秘密の情報をうち明けるとき、その情報がその後、ケース記録に記載されたり、タイピストに知られることになったり、あるいはスーパーバイザーに伝わったり、当該機関でサービスを提供するためにケースワーカーとともに働いている他職種の人びとにも知られるだろうことを了解していると見なしてよいだろう。

秘密を集団やチームに拡大して共有しているのは、ソーシャルワークだけではない。たとえば、医療の領域でも、初めに秘密をうち明けられた医師は、その患者を治療するために必要な場合には、その情報を看護者、医療技術者、付添婦、掃除係、事務職員などに伝えなければならない。

多くの人に情報が共有され、情報が拡大したときでも、秘密を保持しなければならない義務が縮小されることはない。情報を共有するすべての人は等しくこの義務を負うのである。

多くの場合、クライエントは少なくとも漠然としたかたちで、また素人なりの考え方から、秘密は集団で共有されると理解しているだろうと単純に考えてよいだろう。しかし、稀な場合ではあるが、その秘密が異例なものであるときには、秘密を集団で共有することについて明確な方針をつくるよう話し合っておくことが望ましい。あるいは、話し合っておくべきである。仮に、クライエントがある事実を記録に記載されることを拒み、社会福祉機関がその情報なしでも援助を遂行することができるのであれば、その事実は記載すべきでない。あるいは、もしクライエントが記録することに異議を唱えてはいるが、その情報が援助にとって不可欠であるときには、ケースワーカーはクライエントがそれでもその機関に援助を求める気持ちがあるのかどうかをクライエント自身で決定するよう、そのことを十分に説明する必要がある。

集団で秘密を共有するとき、もっとも難しい倫理的な問題は、機関内および機関外のどの範囲まで情報を広げて共有すべきかという方針を確立する課題である。福祉機関の管理者がこの方針をつくる責務を負っている。

社会福祉機関は、秘密の情報を機関内で保持するにあたって、情報を共有すべき人びとの範囲を決定し、それらの人びとがどの程度情報を必要としているのかを明らかにする方針を作成する必要がある。

秘密を共有することが必要である場合には、情報がそれを越えて伝わってはならない範囲を定めるいくつかの境界線が、単なる思いつきではなく、客観的なかたちで引かれていなければならない。境界線が明確にされなければ、また秘密を共有する範囲が具体的に限定されていなければ、信頼感を醸成するという専門的な援助関係を支える底自体が抜け落ちてしまう。また、その情況はワーカーの信頼を見境なく裏切ることであり、専門職業としての尊厳を放棄することでもある。

われわれは、クライエントが秘密の一部を集団によって共有されることを承諾しているだろうという仮定から出発している。したがってわれわれは、秘密の情報をクライエントの承諾の範囲で正当と考えられる人びとだけに伝達するよう、十分な秩序をもたなければならない。この秩序には、まず第一に、うち明けられた秘密をケース記録に記載することも含まれる。情報を記録することによって、秘密の一部は機関内に伝わることになる。記録は事務職員によってタイプされるからである。福祉機関のスーパーバイザーやそれ以外の職員も秘密が記載された記録に近寄る機会がある。またワーカーがスーパーバイザーとの定期的な面接のなかで、クライエントの秘密を議論することもある。スタッフ会議では、多くのスタッフが他のワーカーが担当する家族の情況を詳細に知るために、記録がしばしば議論の資料として提出される。このような秘密情報の開示は、すべて社会福祉機関のなかで行なわれているが、それはクライエントが機関内で情報が公開されることに同意していると仮定できるからである。そのかぎりにおいて、情報を共有することは、信頼された上で情報は伝えてもらうべきであるという原則にも合致している。(2)

秘密情報を機関外と共有すること、つまり情報を他機関とのあいだで共有することには、ふつうクライエントの同意が必要である。それが不可能なときには、もしクライエントに求めれば同意は得られるはずであるという根拠を明らかにしておく必要がある。仮に、他機関に情報を伝えることが、クライエントの魂や精神そして心の幸福、あるいは身体に害を加える恐れがあるときは、同意が得られるという推定は明確な根拠をもたないことになる。それぞれの社会福祉機関は、他の機関とのあいだで情報を共有する際に必要な方針を立て、同時に情報を公開する際には、開示する範囲を定めた明確な境界線を引く義務を負っている。情報を共有する際の方針を公式化し、またそれを有効なものとするためには、公式化の過程に幹部職員が参加することが望ましい。そのようにしてこそ、さまざまな状況に対応できる詳細な倫理的手続きを確立することができるのである。

どこに境界線を引くべきか。この疑問に対する答えは簡単ではない。……広義の意味でいえば、クライエントが秘密情報の共有に同意しているだろうという仮定は成り立つ。しかし、推定されているにすぎない同意にもとづいて、ソーシャルワークの組織がどの程度まで秘密を拡散してよいのかを果たして決めてしまってよいのだろうか。この疑問に対して肯定的な見方を採用すれば、クライエントは明らかにサービスを求めているのだから、うち明けることを求められた秘密に関する情報が他機関に共有されることにも同意しているのだと考えてみることができる。ただし、サービスを受けることによって、秘密が他機関に洩らされることがあると分かっているとしても、クライエントがソーシャルワーカーに対してそれを他機関へ洩らさないように努力してほしいと望むことはあるだろうと思われる。一方、この疑問に対して否定的観点を採れば、クライエントは、秘密情報が共有されることによって、精神的に困惑したり、あるいは身体的に迷惑をこうむる場合がありうるのだから、当該機関の内部にさえ秘密が伝わってしまうことは承諾していないのだと考えることもできる。……一般的にいえば、情報を共有する境界線の内側にいるのは、クライエントの情報が集まる、法令を実施する公共団体やすべての行政部局である。しかし、その範囲で境界線を引いたとしても、クライエントをひどく傷つけたり、彼に物的損害を与えたり、個人の生活から自由を奪ってしまうような事態も起きうるのである。(3)

## 秘密保持を求めるクライエントの権利の限界

いかなる人間の権利も完全無欠ではない。あらゆる権利は、個人のレベルより高いレベルの義務、あるいは他者の権利によって制限を受ける。秘密保持を要求するクライエントの権利についていえば、その権利は、①クライエント自身がもつ、より高いレベルの義務、②他者の権利、③ソーシャルワーカーの権利、④社会福祉機関がもつ権利、そして、⑤地域社会の権利によって制限を受けることになる。

自然法がすべての権利と義務の根源であるから、クライエントが求める秘密保持の権利と、それを制限する義務や権利とのあいだに葛藤が生じることはありえない。だとすれば、あるケースにおいて大きな困惑をひき起こすのは、秘密保持を要求する権利より、それ以外の権利のほうが大きいのか否か、あるいは秘密保持の権利を優先すべきか否かなどを決定する過程そのものである。しかし、実際のケースでは、このような葛藤を明確に解決することがきわめて困難な場合もある。そして、その解決を助けるために、特殊な資質をもった人によるコンサルテーションを必要とすることもある。

以下の簡単な考察で、ソーシャルワーク実践のなかで起きうる五種類の葛藤に対処する際の一般的な原則を示唆したい。

### 1　クライエント自身のなかに葛藤がある場合

秘密保持を求めるクライエントの権利と彼自身のその他の権利ないし義務とのあいだに、明らかな葛藤がみられる場合がある。この葛藤を解決するためには、関連する諸権利をそれぞれに重みづけして比較することが必要である。そこで大切なことは、一つの権利のみを誇張しすぎないよう注意することである。しかし、ケースワーカーは秘密保持を要求する権利に反論する明らかな証拠が見つかるまでは、この権利をつねに優先すべきである。

## 2 他者の権利とのあいだに葛藤がある場合

クライエントが他者とのあいだに密接な関係をもっている場合、クライエントの秘密を保持することが、かえって他者に深刻な傷を負わせたり、害を与えてしまう事態が起きる可能性がある。い換えれば、クライエントの秘密を保持する行為が罪のない人の権利を不当に侵害してしまう事態である。このような場合も、両者の権利を重みづけして比較検討する必要がある。ただし、ここでも、秘密保持の権利が他者を深刻に傷つけるという明確な証拠が現れるまでは、クライエントの権利を優先すべきである。

## 3 ソーシャルワーカーの権利とのあいだに葛藤がある場合

クライエントが秘密をソーシャルワーカーに伝えるとき、ワーカーはその秘密を確実に守る義務があることを自覚している。しかし、大変稀ではあるが、ソーシャルワーカーがクライエントの秘密を守ることによって、クライエントの権利より重要性が高いと思われるワーカー自身の個人としての権利を喪失しかねない場合がある。ソーシャルワーカーは、専門家としての義務を果たすために、彼自身の個人としての生得の権利までを放棄することは求められていない。すでにのべた二つの葛藤と同じように、ここでも葛藤し合う権利を検討し、重みづけして、解決にあたることが重要である。ケースワーカーの権利のほうが優位であると明らかになれば、ワーカーに重大な損害が及ぶことを避けるために、信頼された上で伝えられた秘密を洩らしても合法的であるといえよう。なぜなら、ケースワーカーが大変高価な犠牲をはらってまで、秘密を保持する必要はないと考えられるからである。

## 4　社会福祉機関とのあいだに葛藤がある場合

いかなる公的ないし私的福祉機関も、ある特定の目的をもって組織されている。それゆえ、一般に福祉機関は個人、家族そして地域社会に対していくつかのきわめて特殊な責務を負っている。それらの義務は、機関が提供するサービスの種類やいかなる条件下でサービスを提供しているかという条件によって、定められる。そして、福祉機関はこれらの責務に応じるため、特定の権利をもっている。しかし、この権利は義務を遂行するために必要な手段である。クライエントの秘密を守ることによって、福祉機関がもつこのような権利が危険にさらされたり侵害される状況が生まれることがないわけではない。具体的にいえば、福祉機関が、あるクライエントの秘密を保持することによって、当該機関の目的、権利、義務に反する行動を招くことが予想され、そこまでして秘密を保持すべきか否かの判断を迫られるような状況である。この葛藤を解決する際の原則も、すでにのべた葛藤への対処と同じである。すなわち、両者を比較して優先すべき権利を判断することである。クライエントの秘密を保持することによって、福祉機関が深刻な被害を受けるのであれば、そこまでして秘密を保持するよう束縛されてはいないと考えるべきである。幸いなことに、そのような状況はきわめて稀にしか起きない。しかし、そのような事態が起きれば、機関のスタッフを驚倒させるような事態となる可能性もないわけではない。

### 5　社会全体とのあいだに葛藤がある場合

個人の幸福と公共の福祉とのあいだに、あるいは個人の権利と一般社会の権利とのあいだに葛藤が生じる場合もある。社会は公共の福祉を推進し、平和と秩序を維持し、地域社会に住むメンバーの身体的、知的、道徳的福祉を積極的に推進する計画を立てる義務をもっている。一方、個人は社会の構成員であるから、一市民として、彼の仲間とともに、公共の福祉を維持し推進する活動に協力する義務を負っている。たとえ、その協力活動が彼個人の譲ることのできない権利に制限を加える結果を招くことになるとしてもである。しかし、個人のもつ基本的権利のなかには、公共の福祉でも個人に放棄を求めることができないほどの権利がいくつかある。にもかかわらず、それ以外の権利は、それを行使することによって公共の福祉を危険にさらすことが明らかであれば、その行使は制限を受けなければならない。すでにのべた葛藤と同じように、この種の葛藤を解決する方法も葛藤し合う権利を重みづけして比較することである。一般的には、信頼された上で伝えられた秘密の情報であっても、その秘密を保持することが公共の福祉を深刻な危険にさらすのであれば、秘密保持の義務は終了したと考えるのが原則である。

しばしば起きないことを願うが、以上のような事態が起きたときには、面接におけるケースワーカーの態度が大変重要になる。社会全体との葛藤は、倫理学の専門家の助力を得て、それがどのようなものであるかが明らかになり、その解決方法も見えてくるだろう。だが、その過程のなかで、ケースワーカーは一貫してケースワーカーであることを忘れてはならない。その解決方法がクライエントにとって厳しい情況を作り出すことがあるとしても、あるいはクライエントの秘密を暴露することが要請されるとしても、ケースワーカーはクライエントの望ましく肯定できるすべてと良い援助関係を創り、援助関係を維持していくことが期待される。また、この場合も他の場合と同様に、クライエントの感情を敏感に感受して反応したり、非難する態度を採らずに、クライエントを受けとめる態度を貫く必要がある。つまり、ここでも援助を必要とする人びとに係わるソーシャルワークの専門家としての豊かな人間性が求められるのである。

## 社会福祉機関の秘密保持に関する方針

秘密保持に関する倫理は大変複雑である。そのため、社会福祉機関は秘密保持に関して、個々のケースワーカーが活用することのできる具体的な諸原則を方針として明らかにしておくべきである。明瞭に目に見えるサービスを提供し、住民によく知られた資源をもつ、特定の地域にある特定の福祉機関は、その機関でしばしば出現する秘密保持に関する疑問・争点を、それがいかなるものであるかを明確にすることができるし、またそうすべきである。それらの疑問や争点がいったん明確にされれば、一般的な諸原則を参考にして、解決をはかることができる。そして、機関の明確な方針が創られ、そうすることで、秘密保持のもつ抽象性を具体化することが可能になる。

最近のソーシャルワークの文献のなかで、秘密保持に関する諸原則をもっとも優れたかたちで記述しているのは、アメリカソーシャルワーカー協会ワシントン支部が発行したパンフレットである。以下はその要約である。

クライエントは、社会福祉機関のサービスを利用している最中でも、援助終了後でも、彼ら自身の個人情報を守る権利をもっている（ただし、この権利は例外的な状況においては放棄しなければならない可能性もあるが）。われわれがクライエントのこの権利をきちんと認識するということは、以下の諸原則を遵守することである。

I　われわれは、クライエントに関する情報を得ようとするとき、まずはクライエントを情報源とすべきである。また、クライエントに関して求める情報は、サービスの提供にとって必要最低限の範囲にとどめるべきである。

II　機関内に保存されているクライエントに関する情報を開示するときは、関係者だけに、またサービスの提供上必要な範囲にとどめるべきである。

III　外部の機関や個人に情報を提供するときは、クライエントの承諾を得るとともに、情報の提供先はクライエントの承諾を得た範囲にとどめるべきである。

Ⅳ　記録には、サービスを提供する上で必要最低限の情報だけを記載し、保存すべきである。また、福祉機関が何らかのかたちで記録を活用するときは、クライエントの同意を得るとともに、活用方法を機関全体によって決定すべきである(4)。

以上の原則は一見すると、誰の目から見ても当然であり、単純に見えるかもしれない。しかし、これらの原則はそれぞれの福祉機関が独自に答えを見つけるしかないような、多くの難しい疑問を投げかけている。たとえば、われわれがすべてのクライエントから型通りに聴取している情報は、それぞれのクライエントを援助する上で本当に必要な情報といえるのだろうか。それぞれの社会福祉機関が人間の尊厳とクライエントの権利についての理解を深めていけば、それだけでサービスを互いに交換し合う制度が発達したり、福祉機関同士の協力や福祉以外の周辺資源との連携が活発になるのだろうか。また、福祉機関はかつてサービスを利用したクライエントの情報が記載されたファイルを、新たに親族が援助を求めてきた場合に自由に利用してよいのだろうか。情報を警察や法律機関に提供してよいのは、どのような状況であろうか。あるいは、ワーカーが他機関に相談するのに、クライエントから「ワーカーの判断にすっかり任せた上での同意」を得ることは倫理にかなうだろうか。夫ないし妻が配偶者について他の福祉機関に相談するのを認めることは許されるだろうか。さらに、同意の効力はいつから発生するとみるべきだろうか。

それぞれの社会福祉機関は、これらの疑問に対して、各々に異なる合理的見解をもっているだろう。しかし、ソーシャルワークは専門職全体として、秘密保持に関するこれらの多様な争点に対して明確な立場を示す必要がある。しかし他方では、各福祉機関がこれらの疑問に対して、独自に誠実かつ明確に、立場をいっそう明らかにする必要もある。そうしなければ、それぞれのケースワーカーは実践活動のなかで、ばらばらに孤立してもがき苦しむしかなくなってしまうであろう。

## 効果的なケースワーク・サービスに必要な秘密保持

明らかに、そして幸運なことに、もし暴露されれば新聞の劇的な見出しになるような秘密をすべてのクライエントがもっているわけではない。一般に、日常のケースワーク臨床のなかで出会う秘密は、例外を除けば、世間的にいえば平凡な事柄である。多くの場合、クライエントの親族や友人、あるいは隣人が彼の秘密に「興味」をもっているだけである。

しかしクライエントにとって、いかなる種類の秘密も神聖なものである。そしてクライエントは、ケースワーカーが彼と同じように、自分の秘密を神聖なものとして扱っていると感じるようになるまでは、ケースワークの調査、診断、そして治療の過程に全面的に参加してこないだろう。クライエントが面接において求めるものは、言葉による励ましではない。たとえ励ましが効果をもつものであるとしても、である。彼が求めるのは、秘密を保持できるだけの信頼感が醸成された雰囲気である。クライエントに、彼のパーソナリティや環境に関して、たとえつらい痛みを感じるような事実であってもそれを明るみにもち出し、その問題について建設的に取り組もうとする安全感を与えるのは、秘密が保持されるという信頼感が醸成された雰囲気なのである。

たくさんの小さなことの積み重ねがこのような信頼感を徐々に醸成してゆく。小さなこととは、たとえばクライエントへ郵便物を発送する際に、社会福祉機関名はあえて伏せて書かないとか、家庭訪問する際には機関名がペイントされた車を使わないなどの気遣いである。また、待合室でクライエントを呼び出すとき大声で名前を呼ばないとか、他人に聴かれる心配があるときには直感的に声を低くするなどの配慮でもある。これらは、クライエントとのあいだに信頼感を醸成してゆく小さなことのわずかな例にすぎない。もっとも大切なことは、人間関係における日常的な礼儀を専門的レベルにまで高めようとするケースワーカーの内面の態度である。

# 要約

ソーシャル・ケースワークは、さまざまな心理・社会的問題をもつ人びとを援助する一つの技法である。その援助技法には調査、診断、また治療の諸過程が含まれる。

ケースワーカーは、援助を効果あるものとするために、人間行動や社会資源に関する適切な知識をもつことが求められている。またケースワーカーは、クライエントの内部にある能力や、外部にある適切な資源を見出して動員する技術をもつ必要もある。さらにケースワーカーは、とりわけ専門的な対人関係を形成する技術を獲得しなければならない。そのような援助関係を形成する能力が、ケースワーカーとクライエントとのあいだに生まれる態度や情緒をともなった力動的な相互作用の様態を規定することになるのである。

援助関係はケースワークの魂（soul）である。また、援助関係は面接や調査さらに治療それぞれの過程に生命を与え、それらの過程を建設的かつ温かな人間としての体験に育てる活力（spirit）でもある。あるいは援助関係は、人間がだれでも尊厳と価値をもつ存在であると認識する真の民主主義がもつ哲学を体現する臨床行為にケースワークを育ててゆくものでもある。さらに援助関係は、ケースワーカー自身をさまざまな要素を完備した人間として成長させるものであり、クライエントのもつニーズを総合的に捉えることができるよう導いてくれるものでもある。したがって援助関係は、ケースワークを真に専門的なサービスに発展させるものである。

クライエントは、一つないしそれ以上の明白なニーズ（これらのニーズはときに「提出される問題」the presenting problem と呼ばれる）をもって社会福祉機関を訪れる。そして、クライエントはインテーク面接のなかで、彼のニードや問題をさまざまな形で表現する。だが、ここで表現されたニーズは彼のもっているニーズの一部あるいは断片にすぎない。

すべての人間は共通の基本的ニーズをもっている。それらは身体的、情緒的、知的、社会的、そして精神的なニーズである。ただし、困難をかかえるクライエントにとって、人間に共通するこれらのニーズはいっそう痛切なニーズである。本書は、人は社会福祉機関に援助を求めるとき、人間に共通する情緒的・社会的ニーズを大変強くもつようになるという仮説をもって出発した。具体的にいえばこれらは、一人の個別的な人間としてもてなしてほしいというクライエントのニードであり、感情を表現して伝えたいというニードでもある。また、きちんと受けとめてほしいというニードでもあり、一方的に非難・問責されたくないというニードでもある。さらに、自分で決定を下したいというニードでもあり、秘密は守りたいというニードでもある。クライエントは、意識的にせよ無意識的にせよこれらの基本的権利やニーズが侵害されることに大変敏感に反応する。したがって、ケースワーカーがこれらのニーズを強烈に意識することこそ、態度や感情をともなった力動的な相互作用をクライエントとのあいだにつくり出す出発点なのである。

ケースワーカーとクライエントとのあいだに生まれる相互作用は、三つの方向性をもっている。第一の方向は、クライエントからケースワーカーに向けて発信される相互作用である。すなわちクライエントは、自分がかかえている問題や弱さをケースワーカーに伝えて明らかにする。このときクライエントは、一人の個人としてではなく、「一ケース」として扱われるのではないかとか、非難されたり叱責されるのではないかという恐れをもっている。あるいは、彼が望まぬことを強制されはしないかとか、秘密が暴かれはしないかという不安をもっている。

第二の方向は、ケースワーカーからクライエントに向けられる相互作用である。このとき、ケースワーカーはクライエントに感情移入するという基本的態度を示すことによって、またクライエントの人間としての基本的権利を尊重し、クライエントをパーソナリティをもつ一人の人間として受けとめる用意があることを伝えることによって、クライエントの不安を緩和することができる。

再びクライエントからケースワーカーに対して相互作用が向けられる第三の方向において、クライエントはケースワーカーの示した態度に気づくようになり、そのことを、何らかの方法でケースワーカーに伝え返すようになる。

以上三つの相互作用の方向は、輪のように連結しているものであり、それぞれの初めと終わりはほとんど区別することはできない。実際、これら三つの方向は、概念上の区別にすぎない。相互作用の三つの方向は、援助過程の全体を通して、互いに響き合うように関連しながら進むものである。

本書の後半の各章では、援助関係を形成する際の七原則をそれぞれに分けて論じた。しかし、これらの原則は、いずれもクライエントが強く求める基本的ニーズを重視する考え方から生まれた原則であり、力動的な相互作用における三つの方向を内に含んだものである。「**クライエントを個人として捉える**」(**個別化**)という原則は、一人ひとりのクライエントが、遺伝や環境の因子にもとづいた、あるいは人生経験にもとづいた独自性をもった個人であるとして迎えられる権利とニードをもっていることを、的確に認識し理解することである。「**クライエントの感情表現を大切にする**」(**意図的な感情の表出**)とは、クライエントのかかえる問題が、部分的ないし全体的に情緒的なものであるときに、クライエントがそのような感情を表現したいというニードをもっていることをきちんと認識することである。「**援助者は自分の感情を自覚して吟味する**」(**統制された情緒的関与**)とは、クライエントが、彼のもつ感情に対してケースワーカーから適切なかたちで反応されたいというニードをもっていることを認識し、理解することである。また「**受けとめる**」(**受容**)とは、クライエントは生まれながらにして、それぞれに尊厳と価値をもっているという認識をケースワーカーが維持し、クライエントにこのようになってほしいと望むのではなく、クライエントを現実のあるがままの姿で把握し、接することを意味する。「**クライエントを一方的に非難しない**」(**非審判的態度**)とは、ケースワーカーが自分の役割を、クライエントを非難したり問責したりすることではなく、援助することであるときちんと自覚することである。そして、「**クライエントの自己決定を促して尊重する**」（**クライエントの自己決定**）とは、ケースワーカーが、クライエントは問題解決の方向などを自分で決める権利とニードをもっていることをしっかりと認識することである。さらに、「**秘密を保持して信頼感を醸成する**」（**秘密保持**）とは、ケースワーカーが面接のなかで明らかにされる秘密の情報を適切に保持することである。いずれの原則も互いに関連するものであり、概念として論じるという事情があるために分けて記述したにすぎない。

筆者は、援助関係について行なった議論全体を通して、一人ひとりのソーシャルワーカーが、成長して獲得すべき専門家としての高潔な理想を明確にしようとした。ケースワーカーはまず、しっかりと地に足をつけた現実主義者でなければならない。また同時に、見通しのきく眼をもった理想主義者であることも求められる。現実主義者としてのケースワーカーは、クライエントの人生がもっている厳しい現実、またときには嫌悪の情をもつような醜い現実を、目をそらさずに見つめ理解し、そして援助するよう期待される。一方、理想主義者としてのケースワーカーは、ある場合には、自分がかけがえのない人間であるという信念を失ったクライエントの尊厳と価値を、具体的に発見し認識するよう期待されている。

理想主義者としてのケースワーカーは、個人の権利を守る闘士である。一方、現実主義者としてのケースワーカーは、個人の権利が他の人びとの権利や社会の共通の福祉によって制限を受けることを知っている。

またケースワーカーは、現実主義者として、困難に巻き込まれた人びとの人生において情緒的な要因が大変重要であることを理解しているが、これに対して理想主義者としては、情緒的なニーズや問題がいかに重要であろうとも、それだけが人間の生活において考慮すべきもっとも重要な事柄ではないことも理解すべきである。ケースワーカーは、自分の基準や価値をクライエントに押しつけるのではなく、クライエントが自ら客観的に社会的・法的・道徳的境界のなかにとどまるよう、援助に努めるべきである。

ケースワーカーは、理想主義者としては、クライエント一人ひとりを天にまします父の貴い幼な子として捉えようとするが、現実主義者としては、クライエントが神の振舞いとはまったく異なる態度や行動を示す現実ももっていることを知っている。ケースワーカーは、愛という動機をともなって、助けを求めるきょうだいを援助するために諸科学の知恵を使いこなす技能を獲得するよう努力しなければならない。すなわちケースワーカーは、小さな規模ではあるが、自らが神の摂理の道具となるよう願うのである。

# 文　献

## 第1部

(1) Swithun Bowers, O.M.I., "The Nature and Definition of Social Casework : Part III." *Journal of Social Casework*, 30 : 417, December 1949.
(2) Mary E. Richmond, *Friendly Visiting among the Poor,* New York : The Macmillan Company, 1899, p. 180.
(3) Clifford R. Shaw, *The Jack-Roller,* Chicago : The University of Chicago Press, 1930, pp. 194-95.
(4) LeRoy M. A. Maeder, "Diagnostic Criteria――The Concept of Normal and Abnormal." *The Family,* 22 : 171, October 1941.
(5) Jessie Taft, "The Use of the Transfer within the Limits of the Office Interview." *The Family,* 5 : 143, October 1924.
(6) Virginia P. Robinson, *A Changing Psychology in Social Case Work*, Chapel Hill : The University of North Carolina Press, 1930, p. 114.（杉本照子訳『ケースワーク――心理学の変遷』岩崎学術出版社、一九六九）
(7) Richard Sterba, "On Transference" ; in Richard Sterba, Benjamin H. Lyndon and Anna Katz, *Transference in Casework,* New York : Family Service Association of America, 1948, p. 3.
(8) *Social Case Work : Generic and Specific,* A Report of the Milford Conference, pp. 29-30. New York : American Association of Social Workers, 1929.（竹内一夫、清水隆則、小田兼三訳『ソーシャル・ケースワーク――ジェネリックとスペシフィック』相川書房、一九九三）
(9) Robinson, *op. cit.*, p. 150.

(10) *Ibid*., p. 136.
(11) Pauline V. Young, *Interviewing in Social Work,* New York : McGraw Hill Book Company, 1935, p. 2.
(12) *Ibid*., p. 353.
(13) Carlisle and Carol Shafer, *Life, Liberty, and the Pursuit of Bread,* New York : Columbia University Press, 1940, p. 180.
(14) Herbert H. Aptekar, *Basic Concepts in Social Case Work,* Chapel Hill : The University of North Carolina Press, 1941, pp. 48–49.
(15) *Ibid*., p. 58.
(16) Lucille Nickel Austin, "Trends in Differential Treatment in Social Casework." *Journal of Social Casework,* 29 : 205, June 1948.
(17) Benjamin H. Lyndon, "Development and Use" ; in Richard Sterba, Benjamin H. Lyndon, and Anna Katz, *Transference in Casework,* New York : Family Service Association of America, 1948, p. 16.
(18) Gordon Hamilton, *Theory and Practice of Social Case Work,* second edition revised, New York : Columbia University Press, 1951, p.27.（仲村優一他訳『ケースワークの理論と実際』上・下，有斐閣，一九六五）
(19) Vincent V. Herr, S. J., *How We Influence One Another,* Milwaukee : Bruce Publishing Company, 1945, p. 161.
(20) *Ibid*., p. 106.

## 第2部

### 原則1

(1) Mary Willcox Glenn. "The Growth of Social Case Work in the United States." *The Family,* 9 : 271,

December 1928.
(2) Robinson, *op. cit.*, p. 6.
(3) Robinson, *op. cit.*, p. 7
(4) Mary E. Richmond, *Social Diagnosis,* New York : Russell Sage Foundation, 1917, pp. 367-68.
(5) Boethius, *Liber de persona et duabus nautris ;* in *Patrologia Latina,* Vol. 64, col. 1343.
(6) Mary J. McCormick, *Thomistic Philosophy in Social Casework,* New York : Columbia University Press, 1948, p. 5.
(7) Hamilton, *op. cit.*, p. 22.
(8) *Ibid.*, p. 154.
(9) Department of the Army, *Military Psychiatric Social Work,* Washington : United States Government Printing Office, 1950, p. 22.
(10) *Ibid.*, p. 24.
(11) Gordon Hamilton, "Helping People——The Growth of a Profession." *Journal of Social Casework,* 29 : 296, October 1948.
(12) Annette Garrett, *Interviewing : Its Principles and Methods,* New York : Family Welfare Association of America, 1942, p. 21.
(13) Hamilton, *op. cit.*, 1948, p. 295.
(14) *Differential Approach in Case Work Treatment,* p. 13 (discussion by Ruth Gartland of paper by Fern Lowry on "The Client's Needs as the Basis for Differential Approach in Treatment"), New York : Family Welfare Association of America, n. d.

原則2

(1) Helen R. Spitz, "The Interviewer's Responsibility in Determining Eligibility." *The Family*, 21 : 122, June 1940.

(2) Charlotte Towle, *Common Human Needs*, New York : American Association of Social Workers, 1952, p. 9.（小松源助訳『コモン・ヒューマン・ニーズ』中央法規出版、一九九〇）

原則3

(1) *Garcia Record* (mimeographed), New York : Council on Social Work Education, n. d.

(2) *Brewster Record* (mimeographed), New York : Council on Social Work Education, n. d.

(3) *Sanca Record* (mimeographed), New York : Family Service Association of America, 1952.

原則4

(1) *Social Case Work : Generic and Specific, op. cit.*, p. 11.

(2) "Social Work Semantics." *Journal of Social Casework*, 30 : 340, Octorber 1949.

(3) Bertha Capen Reynolds, "A Changing Psychology in Social Case Work——After One Year." *The Family*, 13 : 107, June 1932.

(4) Florence Hollis, *Women in Marital Conflict*, note. New York : Family Service Association of America, 1949, p. 197 note.

(5) Hertha Kraus, "The Role of Social Casework in American Social Work." *Social Casework*, 31 : 9, January 1950.

(6) Hamilton, *op. cit.*, 1951, p. 52.

(7) Joseph Nuttin, *Psychoanalysis and Personality,* translated by George Lamb, New York : Sheed and Ward, 1953, pp. 98–99.

(8) Mary J. McCormick, *Diagnostic Casework in the Thomistic Pattern,* New York : Columbia University Press, 1954, p. 105.

(9) Swithun Bowers, O.M.I., "Social Work and Human Problems." *Social Casework,* 35 : 190, May 1954.

(10) Hamilton, *op. cit.*, 1951, p. 40.

(11) Department of the Army, *op. cit.*, p. 13.

(12) Herbert Hewitt Stroup, *Social Work, An Introduction to the Field,* New York : American Book Company, 1948, p. 28.

(13) Charles R. McKenney, S.J., *Moral Problems in Social Work,* Milwaukee : Bruce Publishing Company, 1951, p. 59.

(14) Russel W. Davenport, *The Dignity of Man,* New York : Harper and Brothers, 1955, pp. 231–32.

(15) Edward P. Cronan, *The Dignity of Human Person,* New York : Philosophical Library, 1955, p. 124.

(16) *Ibid.*, p. 203.

(17) Mary Arden Young, "Supervision——A Worm's Eye View." *The Family,* 11 : 45, April 1930.

(18) Bertha Capen Reynolds, "Social Case Work : What Is It?  What Is Its Place in the World Today?" *The Family,* 16 : 240, December 1935.

(19) Hamilton, *op. cit.*, 1951, pp. 40–41.

(20) O. Spurgeon English, "The Significance of Social Case Work." *The Family,* 20 : 179, October 1939.

(21) Hamilton, *op. cit.*, 1951, p. 10.

(22) Helen M. Walker, "The Aide in Action." *The Family,* 14 :299, December 1933.
(23) Hamilton, *op. cit.,* 1951, pp. 22-23.
(24) *Ibid.,* p. 43.
(25) *Ibid.*
(26) Hamilton, *op. cit.,* 1948, p. 296.
(27) Hollis, *op. cit.,* pp. 179-80.

原則5

(1) Stroup, *op. cit.,* pp. 90-91.
(2) Hamilton, *op. cit.,* 1951, p. 40.
(3) Department of the Army, *op. cit.,* p. 13 ; McKenney, *op. cit.,* pp. 56-59 ; Hamilton, *op. cit.,* 1948, p. 297.

原則6

(1) Lucille Nickel Austin, "The Evolution of Our Social Case Work Concepts," *The Family,* 20 : 43, April 1939.
(2) Helen C. White, "Activity in the Case Work Relationship," *The Family,* 14 : 208-14, October 1933 ; Hamilton, *op. cit.,* 1948, pp. 294-95.
(3) Mary Hester, "Field Teaching in a Private Family Agency," *The Family,* 22 : 14-20, March 1941 ; Harriet M. Bartlett, "Emotional Elements in Illness : Responsibilities of Medical Social Worker," *The Family,* 21 : 42, April 1940.
(4) Eleanor Neustaedter, "The Rôle of the Case Worker in Treatment," *The Family,* 13 : 151-56, July 1932.
(5) Fren Lowry, "Objectives in Social Case Work," *The Family,* 18 : 263-68, December 1937.

(6) Robinson, *op. cit.*, pp. 115-50.

(7) Bertha Capen Reynolds, "Between Client and Community," *Smith College Studies in Social Work*, 5 : 98, September 1934.

(8) Leah Feder, "Early Interviews as a Basis for Treatment Plans," *The Family*, 17 : 236, November 1936.

(9) Erma C. Blethen, "Case Work Service to a Florence Crittenton Home," *The Family*, 23 : 250-51, November 1942 ; Ruth F. Brenner, "Case Work Service for Unmarried Mothers," *The Family*, 22 : 211-19, November 1941 ; Sylvia Oshlag, "Surrendering a Child for Adoption," *The Family*, 26 : 135-42, June 1945 ; Leontine R.Young, "The Unmarried Mother's Decision about Her Baby," *Journal of Social Casework*, 28 : 27-31, January 1947 ; Frances H. Scherz, "Taking Sides' in the Unmarried Mother's Conflict," *Journal of Social Casework*, 28 : 57-58, February 1947.

(10) Donaldine Dudley,"Case Work Treatment of Cultural Factors in Adolescent Problems,"*The Family*, 20 : 249, December 1939 ; Lillian L. Otis, "Intake Interview in a Travelers Aid Society," *The Family*, 22 : 50-51, April 1941 ; Martha E. Shackleford, "Case Work Services with Retarded Clients," *The Family*, 23 : 313-14, December 1942 ; Joan M. Smith,"Psychological Understanding in Casework with the Aged," *Journal of Social Casework* 29 : 189-93, May 1948.

(11) Gordon Hamilton,"Case Work Responsibility in the Unemployment Relief Agency," *The Family*, 15 : 138, July 1934.

(12) Crystal M. Potter and Lucille Nickel Austin, "The Use of the Authoritative Approach in Social Case Work," *The Family*, 19 : 19-24, March 1938 ; Gordon Hamilton, "Basic Concepts in Social Case Work," *The Family*, 18 : 150, July 1937 ; Lucille Nickel Austin, "Some Notes about Case Work in Probation Agencies," *The Family*, 18 : 282-85, December 1937 ; David Dressler, "Case Work in Parole," *The Family*, 22 : 3-6, March

1941 ; David Dressler, “Case Work in Authoritarian Agency,” *The Family,* 22 : 276-81, December 1941 ; Stephen H.Clink and Millard Prichard, “Case Work in a Juvenile Court,” *The Family,* 25 : 305-07, December 1944.

原則7

(1) “Code of Ethics” ; in *Standard for the Professional Practice of Social Work,* New York: American Association of Social Workers, 1951, p. 5.

(2) Walter McGuinn, S. J., *The Professional Secret in Social Work,* unpublished dissertation, Fordham University ; quoted in Robert E. Regan, O. S. A., *Professional Secrecy in the Light of Moral Principles,* Washington : Augustinian Press, 1943, pp. 200-01.

(3) *Ibid.,* pp. 201-02.

(4) *Principles of Confidentiality in Social Work,* Washington : American Association of Social Workers, 1946, p. ii.

■資　料

# 英国版への序言

アイリーン・ヤングハズバンド

バイステック神父（Father Biestek）は、ソーシャル・ケースワークの理論と実践に関する指導的な解説者として、北アメリカおよびその他の国々でもよく知られている。その著書『ケースワーク関係』は、ケースワークに関する第一級のすぐれた労作である。本書は英国においても広く読まれているので、このたび英国版の刊行が決定された。もっとも英国版と言っても、イギリス英国版というのと同じ意味ではない。英語の用法で英国とアメリカとでは、さまざまな相違があることは、多くの社会事業の文献が実例をもって示している。そうして、このような相違のため、イギリス英語に慣れた者には、不幸にも、それがつまづきとなっているほどである。ところが幸いにも、バイステック神父は、どうしても言いたいというものを本当にもっているので、同神父は、その思想を専門用語ではなく、むしろ、日常の話し言葉の、平易な英語でいつも表現してくれている。しかし、もし読者の中に、たとえば、「診断的思考」のような用語に当惑を感ずるような人があるならば、その人はこれを「最もよく利用できる証拠から照らしてみた有力と思われる因果関係についての注意深い評価」というように解釈したらいいし、また状況についての徹底的評価を行なうことなしに、軽率に速断したり、あるいはさまざまな活動を行なったりすることがないようにして、そのような診断的思考を、自分の仕事に実際に用いるよう努めたらいいだろう。要するに、これを訳のわからない専門用語であるとあっさりかたづけてしまわないで、むしろ、自分を困惑させるこの用語の基礎になっている経験を思い出すようにして欲しいものである。

「ケースワーク関係」という用語でさえも、それは実際の経験についての最も適切な用語を見つけようとする懸命な努力から生まれてきたものであって、このことを理解していない人びとにとっては、選ばれた少数の者だけにしか通用しない密教的な難解さを、幾分か持つものとして響くだろう。社会事業は、個人またはグループの成員としての人間を扱う他の形式の事業と同じく、日常の直接的な経験から徐々に現われてきたその概念が、一般に承認されるように科学的に系統化される以前から行なわれていた。そこで人と人とのあいだの関係の、目に見えない交流の潜勢的な力については、こんにち、心理学、社会学、精神医学からの十分な証明がなされている。しかしながら、人と人とのこのような接触が、一時的に、あるいは絶えずその内容が豊富にされて、なされるときに、その二人の人またはそれ以上の人びとの心のうちに起こるものについての厳密な系統的な説述は、今なお欠けている。「関係」という用語も、おそらく最も適切な用語でもなければ、また最終的な用語でもないかもしれないが、少なくともこの用語は、人と人とが認め合い相互作用が行なわれたという意味をあらわしている。ケースワークにおいて確立され、用いられる関係は、専門的援助の他の形式とある点では違っているがある点では同じ方法で、他の人を援助しようと試みる連続的な過程、すなわち、正に良い人間関係の連続的な過程である。バイステック神父は記憶すべき語句をもって、ケースワーカーの目標を表現しているが、ケースワーカーについて次のように言っている。「ケースワーカーは、愛の動機から、困難にある兄弟を援助するため、科学の知識を利用する技能を得ようと努力している」。

人と人とのあいだの関係の性質とワーカーがクライエントを援助するためのこの関係の使用法を、記述したり、分析したりする試みは、えてして思わぬあやまちにおちいりやすいものである。一方では、これらの試みは、感傷的な無駄口または願望的思考、あるいは単純な過程に、大げさな名称をあたえようとする試みのように響くかもしれない。他方では、またこのような仕事と取り組んでいる人間は、冷酷な解剖的吟味を行なっているとか、人びとのさし迫った悲嘆に対して、われ関せず超然としているとか非難されることがある。バイステック神父は、ナイフの刃を渡ってゆくような困難な仕事を巧みに処理して、目を見張らせるような成功を収めている。困難にある人びとを援助しようとする神父の心からの願望と健全な常識が、全巻を通じ、どの頁にも光り輝いている。それからまた愛も常識も、心理学・精神医学および社会事業の実践があたえることができる最良の知識を伴わなければ、十分でないという認識も、同じく光彩を放っている。

おそらく、それにもかかわらず、読者は、フロイドの精神医学、トーマス派の哲学、西欧民主主義の政治理想およびアメリカのケースワークの文献は、もう沢山だという印象を受けるかもしれない。本書においては、人びとの行動が、家族関係と社会的義務に関する文化的諸仮定によって、また文化的価値の差異によって、どの程度影響を受けるかについてとか、あるいは急速な文化の変動が個人の安定におよぼす効果については何ら言及するところがない。たとえば、ケースワーカーは、クライエントが不動のそしてすでに容認されている道徳的価値を背景にして、自己決定の権利を行使できるように援助するものとして考えられているようである。しかし事実はそんなものではない。社会変動の沈殿剤としてまた指針としての社会事業の任務は個人的次元の面を考慮するだけで思いつくようなものよりもはるかに複雑である。しかしながら、一度にあらゆることを言うのは不可能であるし、あるいはまたケースワークに対して無限の要求をすることなしには、機能する力のすべての次元を考慮にいれることも不可能である。バイステック神父は、アメリカ以外の他の国における社会事業の文献をすべて除外しているが、同様に個人的次元のほかの次元を思い切って排除していることは、当をえた措置であろう。しかし、バイステック神父は、この英国版では、英国救貧法に対して手きびしい批判をするよりも、オクタビヤ・ヒルや慈善組織協会に属するケースワークの先駆者たちについて何か書いた方が適切であるということを多分思い出しているのだろう。われわれ英国人はケースワーク発展の競争において、時には遅れをとっているにしても、出発点においては競争に参加していたことで少なくとも面目だけは保つことができるだろう。

20世紀に、なぜケースワークが他の国でよりもアメリカ合衆国において、はるかに急速に進歩したかという理由は複雑である。しかし、議論の余地のないこの事実は、他の国のケースワーカーにとっては、それぞれの国で得られた知識を適用し、それにさらに何ものかをつけ加えて豊かなものとするための拍車になるはずである。バイステック神父が、ケースワーク関係の構成要素とした七つの原則の一つ一つについて述べたほとんどすべてのことは、西欧文化のうちで妥当するものであり、またその多くは世界のどこの国においても妥当するものである。バイステック神父は、人間の本性に内在する権利について語っているのであるから、権利の妥当性は、それが認められるかどうかとは無関係であると、おそらく考えているだろう。しかし、これは別の話である。それにしても、ケースワークの研究者と従事者とが——従事者であっても、決して研究者であることをやめるべきではない——本書を彼ら自身の事例、彼ら自身の自我およびさまざまな人間行動について増大する彼らの経験と関連させて思索しながら、一読しまた再読することによって、利益を得るであろう。なお本書について特筆せずにおれないのは、本書が、時折一閃の光をきらめかせる語句で、理解の困難なものをよくとらえているばかりでなく、理解しにくいものにも、しばしば繰り返されているものにも同じように形式と構造をあたえていることである。こんなわけで、しばしば誤解され、また誤って用いられる用語の「受容」と「非審判的態度」というのが何を意味するかについてこれ以上にすぐれた記述を他に見いだすことはむずかしいだろう。本書全体が、実に困難にある人びとに向けられた共感の態度とまたこれらの人びとをいかに援助するかについての英知にみちあふれている。そして、こうした態度と英知においては、宗教と科学が手を握り合い、また、ケースワークの限界をもはるかに越えているのである。

## 訳者注

上掲の序言を寄せたアイリーン・ヤングハズバンド女史（Dr. Eileen Younghusband）は現在英国国立社会事業教育研究所（National Institute for Social Work Training）の顧問で、また国際社会事業学校連盟の会長である。現代英国社会事業界を代表する元老的な存在であるといえるであろう。彼女はまた国連の社会問題専門委員であったこともあり、またロンドン経済大学の講師であったこともある。彼女はカーネギー財団の後援を得て大規模な調査研究をした結果の報告である「ソーシャル・ワーカーの雇用と訓練に関する報告」（Report on the Employment and Training of Social Workers, Carnegie, U.K. Trust, 1946）と、これまでに発表した論文を主として集めて最近出版した著書『社会事業と社会変動』（Social Work and Social Change, 1964）がある。

# 訳者あとがき

この本は、バイステック（Felix P. Biestek, S. J.）が一九五七年に刊行した、*The Casework Relationship* を新しく翻訳しなおしたものです。

多くの方がご存じのように、原本は刊行から八年を経た一九六五年に、田代不二男・村越芳男の両氏によって、『ケースワークの原則――よりよき援助を与えるために』（誠信書房）という書名でいったん翻訳されました。そしてそれ以降、この翻訳書は多くの方々から大変親しまれてきました。

私も両氏による訳書を学生時代に読みました。読みながら、二つのことを感じた記憶が残っています。まず、この本ではケースワークにおける援助関係を形成する際の原則が大変簡潔に書かれているものの、内容が簡潔であるだけに、あるいは当然のことが書かれているために、援助関係を築く仕事の奥はかえって深いものかもしれないと漠然と感じたことです。また、翻訳書の「よりよき援助を与えるために」という副題は間違いではないかとも感じました。学生ながらに、援助は与えるものではなく、クライエントが自ら活用するもののはずだと考えました。

大学を卒業して十年ほどたったころ、私は自分がソーシャルワークの臨床家に向いていないと悩んだ時期があります。精神医療の世界でソーシャルワークを実践しようと意気込んでいた三十代なかばのころです。当時私は、自分の相談や面接の技法にある程度自信をもちはじめていました。今思えば、その自信をいち早く確固たるものにしたいとあせったのでしょう。他の臨床家とは違って、自分が優秀であると自認したかった気持ちも人一倍強かったのだと思います。そのあせりと奢りが自信の喪失と混乱を生み出しました。当時の私は、周囲の人から「鼻もちならない」「嫌味な奴」と映ったことでしょう。しかし、自分ではそのことに気づくことはできませんでした。気づかせてくれたのは、何人かの先輩とクライエントの方々でした。先輩からは「小手先の技術に頼り、援助の基本を忘れていないか」と指摘されました。クライエントからは「尾崎さんとの関係には安心してホッとできる空気がない」と教わりました。これらの言葉を聴いて、いっそう混乱しました。私のすべてを否定されたように感じたからです。しかし、先輩やクライエントの言葉を、少しずつ別の角度から考えることもできるようになりました。このとき、再びバイステックの本を手にしました。再読して、バイステックの本から大変新鮮な発見をしました。すなわち、援助関係を形成する際の基本となる事柄は、決して「格好がよいもの」ではないこと、「小手先」の技術だけに頼ったのでは「借り物」の「嘘くさい」関係しか形成できないことなどに気がつきました。また、自分の迷いやあせりをきちんと通過しなければ、自分のもち味や個性を生かした援助関係をつくることはできないことも学びました。

やがて、今から八年ほど前、四十代のはじめになって、私は大学でケースワークの講義を担当しはじめました。講義をどのように進めたらよいかに迷った揚げ句、数年間この本を中心に授業を進めてみました。ケースワーク臨床における援助関係の重要性を学生に伝えること、そして私のバイステックに対する意見やあとでのべる批判を学生とともに議論することを講義の中心に据えました。私も学生も、バイステックがこの本を書いた当時の時代背景を学習し、彼のいう関係形成の基本を学びました。また、私自身の臨床経験を題材にして、バイステックの論述に見られる内容の不明確な点や不自然な点も洗い出し、議論もしました。これらの作業を通して、私はやはりこの本がケースワークの歴史のなかで、初めて援助関係という基本にこだわり、援助関係の意義を具体的に提示し、さらに関係形成の技法を整理したという意味で、大変大きな意義をもっていることを確信しました。

バイステックは、ケースワーク臨床のもっとも重要な基礎が援助関係を形成することであり、ケースワークの技術とは、まず、援助者がクライエントとのあいだに援助関係を形成する技法であるという主張を、今から四十年前に明確に示したのです。おそらく当時のアメリカでは、今日ほどクライエントの秘密を的確に守ることやクライエントが問題を解決する上で、解決の方向やペースを自分で選択することなどが重視されていなかったはずです。また、「善意」や「熱意」あるいは「指導」だけが援助の基本であるという考え方が、色濃く残っていた時代でもあったはずです。バイステックはこうした時代のなかで、援助関係こそがケースワーク臨床の基礎であり出発点であると主張したのです。私なりの表現でいえば、援助関係は、ケースワークの臨床過程のなかで、まずは、「苗床」となって援助をはぐくみ、やがて援助者は援助関係自体を「資源」として社会的診断を進め、そして援助者が判断や意見をクライエントに伝えるときにも、援助関係は「コミュニケーションの水路」となるのです。さらに、援助関係はクライエントがさまざまな角度から現実に直面して「一人だち」をはかってゆく一つの「舞台」になるのだともいえます。このように考えてみると、バイステックが四十年前に主張した内容には、現在でも学ぶべき点が大変多いと思われます。また、当時の時代背景を考えてみると、バイステックの主張は、彼が生きた時代の社会福祉やケースワークの状況に対する「怒り」や「すごみ」さえもっているように感じます。

しかし、この本は古典であるだけに、われわれが読む際に気をつけておくべき点があります。また、内容にも不自然・無理と思われる箇所がないわけではありません。たとえば、われわれはバイステックが論じた原則を読み、それを忠実に守ろうとするだけでは、かえって自分を抑制するだけの堅苦しい援助態度を身につけてしまう危険があります。そのような態度はクライエントにも伝わり、結局堅苦しい援助関係しかつくれないという事態を招く可能性があります。われわれの多くが援助者というものに対して「聖人君主」「修行僧」などという、どちらかといえば堅苦しいイメージをもちがちであるのは、わが国においてこの本が多くの人に読まれてきた歴史と決して無関係ではないと思われます。われわれは、この本がケースワークの技術が今以上に未分化で混沌としており、ソーシャルワーカーのもっていた人権感覚や倫理観が現在以上に磨かれていなかった時代に書かれたという時代背景を何度も確認しながら、読み進む必要があります。そうしなければ、彼の主張と彼が主張に込めた「怒り」「すごみ」を十分に理解することはできません。また、バイステックの書いた本は、あくまで原則・基礎を論じるところにとどまっていることも忘れてはならないことです。彼の主張を鵜のみにして、それだけに頼っても、さまざまな臨床場面に対応することは困難です。臨床は原則だけでは身動きができません。原則に加えて、臨機応変で柔軟な思考や判断が求められます。また、援助者の一人ひとりは、それぞれに自分に適した原則の生かし方を発見して開発していく必要もあります。すなわち、バイステックはわれわれが援助関係を形成してゆく際の大まかな「羅針盤」を提示したにすぎません。われわれにとって大切なことは、バイステックの残した遺産を学んだ上で、一人ひとりが彼の議論をさまざまな形・方向で発展させることだといえます。

この本を新しく翻訳した事情についても簡潔に触れます。

私はかつてから、田代・村越氏による翻訳書は三十年前に訳出された事情もあって、格調高い文体がかえって現代のわれわれには分かりにくく、なじみにくい部分があると感じてきました。また、両氏の訳出には、いささか理解しにくい部分もあると思ってきました。そして、もっとも残念なことに、両氏の死去にともなってお二人の翻訳書は品切れとなりました。

そんな折、誠信書房の松山由理子、長林伸生の両氏から、この本を新しく翻訳してみないかという有難いお誘いを受けました。いったん翻訳された本を訳しなおす作業は大変だろうと想像しました。かつての翻訳本から影響を受けたり、縛られたりするのではないかと考えたからです。しかし、私はここ二十年、ソーシャルワークの技術、とくにケースワークやグループワークの技法を高めたいと願ってきたこともあり、翻訳を引き受けてみようと思いました。また、二十一世紀を目前にしたこの時期だからこそ、バイステックの残した遺産を見直すことができるのではないかとも考えました。

なお、本書では七つの原則の名前を変えました。「受容」「秘密保持」などは、長年多くの人から親しまれてきた名称です。しかし、バイステックが主張した内容を今日のソーシャルワークの状況のなかで、いっそう的確に伝えようと試みた結果です。また、原本のキーワードである“Casework Relationship”は、厳密に翻訳すれば「ケースワーク関係」とすべきでしょうが、「ケースワークにおける援助関係」と訳しました。社会福祉の臨床で日常的に使われている用語に近い日本語にしようとしたためです。

翻訳作業は、私が大学教育の場で日頃から援助関係の重要性を議論している二人の同僚に分担をお願いして、進めました。三人とも忙しい業務のなかで翻訳を進めましたが、作業は面白かったといえます。それは、翻訳作業そのものが、訳者同士のあいだの援助や教育に関する議論を刺激してくれたからです。三人のあいだで、援助関係の議論を通して、しばしば教育における教員と学生との関係がいかに重要であるかについても話し合いました。翻訳の分担は、第1部および原則1・2を福田俊子が担当し、原田和幸が原則3・4・5を担当しました。私は序文、原則6・7、そして要約の訳出と翻訳全体の吟味を受けもちました。今回の訳出がケースワークに関する今後の議論を深める上で少しでも役立つことができればと願っています。そのためにも、われわれの翻訳に関するご意見、ご批判などをいただけたら幸いです。

最後に、この本を翻訳する機会を与えていただいた誠信書房の松山由理子、長林伸生の両氏に感謝します。また、大学の実習教育などを通して、援助関係がきわめて重要であることを身をもって体験し、その体験を訳者たちにさまざまな形で伝えてくれた日本社会事業大学の卒業生・学生の皆さんにも「ありがとう」と伝えたいと思います。

一九九五年　秋の虫が鳴きはじめた夏の終わりに

訳者を代表して

尾　崎　　新

# 新訳改訂版　あとがき

本書の新訳版を出版して約十年がたち、この間に本新訳版は、読者および出版社のおかげで多くの方々に読んでいただくことができました。また、数人の熱心な読者の方々より、翻訳内容や原則名などについて、大変貴重なご指摘、ご教示をいただきました。そこで、これまでに寄せられたご指摘などを参照し、二〇〇五年夏に訳者三人が集まり新訳の改訂作業を始め、内容の一部を修正しました。

本書は、F・P・バイステックが教鞭をとっていたアメリカにあるロヨラ大学出版局から、一九五七年に出版され、その後イギリスやドイツなどでも翻訳されてきました。訳者の知るかぎりにおいては、イギリスでも一九九〇年代まで読み継がれていた、非常に息が長い本です。日本では、田代不二男氏と村越芳男氏が英国版を翻訳し、一九六五年に出版されました。新訳版では、本書が学生の教科書として指定されることが多いことを考慮し、またバイステックが主張した内容をできるだけ的確に伝えることを意図して、できるだけわかりやすい表現で訳出しました。しかしながら原則名については、あえて平易な表現としたがために、覚えにくいというご指摘をいただいたため、新訳改訂版では、長年親しまれてきた旧訳の原則名を併記することにしました。

バイステックの略歴については、旧訳版の「あとがき」でふれられていましたが、新訳版ではこれを省略していたため、ここで改めてそれを紹介するとともに、顔写真を掲載することにしました。

バイステックは、一九一二年生まれ。没年は不明。イエズス会の司祭であり、シカゴにあるロヨラ大学で二十五年間にわたり教鞭をとっていました。『ケースワークの原則』が出版される以前の一九五一年には、著者の博士論文となった The Principle of Client Self-determination in Social Casework が、アメリカ カトリック大学出版局より出版されています。そして、『ケースワークの原則』が出版されてから約二十年後となる、一九七八年には C.G. Gehrig との共著で、一九二〇年から一九七〇年代までの自己決定に関する歴史をまとめた *Client Self-Determination in Social Work A Fifty-Year History* が出版され、これがバイステックの最後の著書となっています。

日本で旧訳版が出版されて四十年以上が経過しました。日本ではなぜ、本書がこれだけの長期間にわたり読み継がれているのでしょうか。その理由のいくつかが、E・ヤングハズバンド女史によって書かれた「英国版への序言」に示されているように思われます。そこで、非常に味わい深く示唆に富む内容を含むこの序言を、旧訳版のまま巻末に掲載することにしました。

二十一世紀を迎えるとほぼ同時に、日本の社会福祉制度は急激に変化しました。介護保険制度の導入からはじまった社会福祉基礎構造改革により、社会福祉現場はゆらいでいます。このような時代だからこそ、バイステックが論じたソーシャルワークの原点である「援助関係」の基礎をもう一度ふり返ってみる必要性を強く感じます。末筆となりましたが、本書の翻訳に関して貴重なご指摘、ご意見をいただきました読者の方々に、紙面を借りて深謝申し上げます。

二〇〇五年十一月

訳　者

＊追　補

今までバイステックの没年や経歴などは不明なままでしたが、立正大学の福富律氏より、一九九四年十二月三十一日付の *The New York Times* に死亡記事が掲載されている、との貴重な情報を提供していただきました。ここに厚くお礼申し上げます。

それによれば、バイステックは高校教師となった後、一九五一年にロヨラ大学の教員となり、また *The Casework Relationship* が出版された三年後の一九六〇年に、*The Five Methods of Social Work* をイタリアのみで出版しています。

## ハ 行



## マ 行



## ヤ 行



## ラ 行



## ワ 行

## サ　行



## タ　行



## ナ　行

# 索　引

## ア　行



## カ　行

## 訳者紹介

**尾崎　新**（おざき　あらた）

1948年生まれ

1970年　上智大学文学部社会福祉学科卒業
　　　　精神神経科秋川病院，東京都精神医学総合研究所を経て，日本社会事業大学教授，立教大学コミュニティ福祉学部教授を歴任
　　　　東京大学・博士（保健学）

2010年　逝去

編著書　『臨床・精神科デイケア論――デイケアの‘ほどよさ’と‘大きなお世話’』岩崎学術出版社 1992 年，『社会福祉援助技術演習』誠信書房 1992 年，『ケースワークの臨床技法――‘援助関係’と‘逆転移’の活用』誠信書房 1994 年，『生活福祉論』光生館 1994 年，『対人援助の技法――「曖昧さ」から「柔軟さ・自在さ」へ』1997 年，『「ゆらぐ」ことのできる力――ゆらぎと社会福祉実践』1999 年，『「現場」のちから――社会福祉実践における現場とは何か』2002 年，以上 誠信書房ほか

**福田　俊子**（ふくだ　としこ）

1964年生まれ

1987年　明治学院大学社会学部社会福祉学科卒業

1989年　明治学院大学大学院社会学研究科修了
　　　　社会福祉法人東京弘済園，日本社会事業大学を経て，

現　在　聖隷クリストファー大学社会福祉学部教授

**原田　和幸**（はらだ　かずゆき）

1966年生まれ

1988年　文教大学人間科学部人間科学科心理学専修卒業

1990年　鳴門教育大学大学院学校教育研究科修士課程・障害児教育専攻修了
　　　　社会福祉法人嬉泉，日本社会事業大学，田園調布学園大学を経て，

現　在　目白大学人間学部人間福祉学科准教授

F.P. バイステック
ケースワークの原則［新訳改訂版］
——援助関係を形成する技法

2006年 3 月10日　第 1 刷発行
2025年 1 月25日　第25刷発行

訳　者　尾崎　新
　　　　福田俊子
　　　　原田和幸
発行者　柴田敏樹
印刷者　西澤道祐

発行所　株式会社　誠信書房
〒112-0012 東京都文京区大塚 3-20-6
電話　03 (3946) 5666
https://www.seishinshobo.co.jp/

あづま堂印刷　協栄製本

ISBN4-414-60404-4　C3036